Oldenbourg Interpretation
Band 6

Oldenbourg Interpretationen
Herausgegeben von
Klaus-Michael Bogdal und Clemens Kammler

begründet von
Rupert Hirschenauer (†) und Albrecht Weber

Band 6

Georg Büchner

Der Hessische Landbote / Woyzeck

Interpretation von Wilhelm Große

Oldenbourg

Alle Seitenangaben ohne besondere Autorennennung beziehen sich auf Text
und Kommentar der dieser Darstellung zugrunde gelegten Büchner-Ausgabe:
Georg Büchner: Werke und Briefe. Münchner Ausgabe, hrsg. v. Karl Pörnbacher,
Gerhard Schaub, Hans-Joachim Simm und Edda Ziegler. München ³1992,
dtv 2202: Der Hessische Landbote, S. 39–65; Woyzeck, S. 233–255.

Zitate sind halbfett gekennzeichnet.

CIP-Titelaufnahme der Deutschen Nationalbibliothek

Große, Wilhelm:
Georg Büchner, Der Hessische Landbote – Woyzeck :
Interpretation / von Wilhelm Große. – 2., überarb. u. korr. Aufl. – München :
Oldenbourg, 1988
  (Oldenbourg Interpretationen; Bd. 6)
  ISBN 3-486-88615-0
NE: GT

Das Papier ist aus chlorfrei gebleichtem Zellstoff hergestellt,
ist säurefrei und recyclingfähig.

© 1988 Oldenbourg Schulbuchverlag GmbH, München
   www.oldenbourg-bsv.de

Das Werk und seine Teile sind urheberrechtlich geschützt. Jede Nutzung in
anderen als den gesetzlich zugelassenen Fällen bedarf deshalb der vorherigen
schriftlichen Einwilligung des Verlages. Hinweis zu § 52 a UrhG: Weder das
Werk noch seine Teile dürfen ohne eine solche Einwilligung eingescannt und in
ein Netzwerk eingestellt werden. Dies gilt auch für Intranets von Schulen und
sonstigen Bildungseinrichtungen. Der Verlag übernimmt für die Inhalte, die
Sicherheit und die Gebührenfreiheit der in diesem Werk genannten externen
Links keine Verantwortung. Der Verlag schließt seine Haftung für Schäden aller
Art aus. Ebenso kann der Verlag keine Gewähr für Veränderungen eines
Internetlinks übernehmen.

Bei Zitaten, Literaturangaben und Materialien im Anhang ist die neue Rechtschreibung noch nicht berücksichtigt.

2., überarbeitete und korrigierte Auflage 1997
Unveränderter Nachdruck 14 13 12 11 10
Die letzte Zahl bezeichnet das Jahr des Drucks.

Umschlagkonzept: Mendell & Oberer, München
Umschlaggestaltung: Stefanie Bruttel
Umschlagbild: © IFA-Bilderteam, Ottobrunn/München; Fotografin: Birgit Koch
Gestaltung Innenteil: Gorbach GmbH, Buchendorf
Lektorat: Ruth Bornefeld, München
Herstellung: Karina Hack, München
Satz: jürgen ullrich typosatz, Nördlingen
Druck und Bindung: Himmer AG, Augsburg

ISBN: 978-3-637-88615-5

Inhalt

1 Statt eines Vorworts: Der ›widersprüchliche‹ Büchner 7

2 »Der Hessische Landbote« 12
2.1 Entstehung, Verbreitung und Aufnahme des »Hessischen Landboten« 12
2.2 Die Argumentations- und Schreibstrategie im »Hessischen Landboten« 15

3 »Woyzeck« 23
3.1 Entstehung und Fassungen 23
3.2 Das Clarus-Gutachten als Quelle 28
3.3 »Woyzeck« als Drama der offenen Bauform 33
3.3.1 Autonomie der Einzelszene 33
3.3.2 Metaphorische Verklammerung und Wortgewebe 37
3.3.3 Sprachstil und Dialogführung 42
3.4 Liedeinlagen im »Woyzeck« 46
3.5 Märchen der Großmutter 51
3.6 Predigt des Handwerksburschen 54
3.7 Budenszenen 55
3.8 Tambourmajor 57
3.9 Doktor 58
3.10 Hauptmann 61
3.11 Marie 63
3.12 Woyzeck 65

4 Büchners Realismus 69

Unterrichtshilfen
1 Didaktische Aspekte *73*
2 Unterrichtsreihen *74*
3 Unterrichtssequenz *75*
4 Alternativen und Ergänzungen zur vorgestellten Unterrichtssequenz *84*
5 Fächerübergreifende Gesichtspunkte *87*
6 Klausurvorschläge *87*
7 Materialien *89*

Anhang
Anmerkungen *109*
Literaturverzeichnis *109*
Zeittafel zu Leben und Werk *114*

1 Statt eines Vorworts: Der ›widersprüchliche‹ Büchner

An die Familie Straßburg, den 5. April 1833.

[…] Meine Meinung ist die: Wenn in unserer Zeit etwas helfen soll, so ist es *Gewalt*. Wir wissen, was wir von unseren Fürsten zu erwarten haben. Alles, was sie bewilligten, wurde ihnen durch die Notwendigkeit abgezwungen. Und selbst das Bewilligte wurde uns hingeworfen, wie eine erbettelte Gnade und ein elendes Kinderspielzeug, um dem ewigen Maulaffen *Volk* seine zu eng geschnürte Wickelschnur vergessen zu machen. Es ist eine blecherne Flinte und ein hölzerner Säbel, womit nur ein Deutscher die Abgeschmacktheit begehen konnte, Soldatchens zu spielen. Unsere Landstände sind eine Satire auf die gesunde Vernunft, wir können noch ein Säkulum damit herumziehen, und wenn wir die Resultate dann zusammennehmen, so hat das Volk die schönen Reden seiner Vertreter noch immer teurer bezahlt, als der römische Kaiser, der seinem Hofpoeten für zwei gebrochene Verse 20,000 Gulden geben ließ. Man wirft den jungen Leuten den Gebrauch der Gewalt vor. Sind wir denn aber nicht in einem ewigen Gewaltzustand? Weil wir im Kerker geboren und großgezogen sind, merken wir nicht mehr, daß wir im Loch stecken mit angeschmiedeten Händen und Füßen und einem Knebel im Munde. Was nennt Ihr denn *gesetzlichen Zustand*? *Ein Gesetz*, das die große Masse der Staatsbürger zum fronenden Vieh macht, um die unnatürlichen Bedürfnisse einer unbedeutenden und verdorbenen Minderzahl zu befriedigen? Und dies Gesetz, unterstützt durch eine rohe Militärgewalt und durch die dumme Pfiffigkeit seiner Agenten, dies Gesetz ist eine *ewige, rohe Gewalt,* angetan dem Recht und der gesunden Vernunft, und ich werde mit *Mund* und *Hand* dagegen kämpfen, wo ich kann. Wenn ich an dem, was geschehen, keinen Teil genommen und an dem, was vielleicht geschieht, *keinen Teil* nehmen werde, so geschieht es weder aus Mißbilligung, noch aus Furcht, sondern nur weil ich im gegenwärtigen Zeitpunkt jede revolutionäre Bewegung als eine vergebliche Unternehmung betrachte und nicht die Verblendung Derer teile, welche in den Deutschen ein zum Kampf für sein Recht bereites Volk sehen. Diese tolle Meinung führte die Frankfurter Vorfälle herbei, und der Irrtum büßte sich schwer. Irren ist übrigens keine Sünde, und die deutsche Indifferenz ist wirklich von der Art, daß sie alle Berechnung zu Schanden macht. Ich bedaure die Unglücklichen von Herzen. […] (278 f.)

An die Braut (Gießen, um den 10. März 1834)

[...] Ich erschrak vor mir selbst. Das Gefühl des Gestorbenseins war immer über mir. Alle Menschen machten mir das hippokratische Gesicht, die Augen verglast, die Wangen wie von Wachs, und wenn dann die ganze Maschinerie zu leiern anfing, die Gelenke zuckten, die Stimme herausknarrte und ich das ewige Orgellied herumtrillern hörte und die Wälzchen und Stiftchen im Orgelkasten hüpfen und drehen sah, – ich verfluchte das Konzert, den Kasten, die Melodie und – ach, wir armen schreienden Musikanten, das Stöhnen auf unsrer Folter, wäre es nur da, damit es durch die Wolkenritzen dringend und weiter, weiter klingend, wie ein melodischer Hauch in himmlischen Ohren stirbt? Wären wir das Opfer im glühenden Bauch des Peryllusstiers, dessen Todesschrei wie das Aufjauchzen des in den Flammen sich aufzehrenden Gottstiers klingt? Ich lästre nicht. Aber die Menschen lästern. Und doch bin ich gestraft, ich fürchte mich vor meiner Stimme und – vor meinem Spiegel.[...]
Meine geistigen Kräfte sind gänzlich zerrüttet. Arbeiten ist mir unmöglich, ein dumpfes Brüten hat sich meiner bemeistert, in dem mir kaum ein Gedanke noch hell wird. Alles verzehrt sich in mir selbst; hätte ich einen Weg für mein Inneres, aber ich habe keinen Schrei für den Schmerz, kein Jauchzen für die Freude, keine Harmonie für die Seligkeit. Dies Stummsein ist meine Verdammnis. [...] (287)

An die Braut (Gießen, nach dem 10. März 1834)

[...] Ich studierte die Geschichte der Revolution. Ich fühlte mich wie zernichtet unter dem gräßlichen Fatalismus der Geschichte. Ich finde in der Menschennatur eine entsetzliche Gleichheit, in den menschlichen Verhältnissen eine unabwendbare Gewalt, Allen und Keinem verliehen. Der Einzelne nur Schaum auf der Welle, die Größe ein bloßer Zufall, die Herrschaft des Genies ein Puppenspiel, ein lächerliches Ringen gegen ein ehernes Gesetz, es zu erkennen das Höchste, es zu beherrschen unmöglich. Es fällt mir nicht mehr ein, vor den Paradegäulen und Eckstehern der Geschichte mich zu bücken. Ich gewöhnte mein Auge ans Blut. Aber ich bin kein Guillotinenmesser. Das *muß* ist eins von den Verdammungsworten, womit der Mensch getauft worden. Der Ausspruch: es muß ja Ärgernis kommen, aber wehe dem, durch den es kommt, – ist schauderhaft. Was ist das, was in uns lügt, mordet, stiehlt? Ich mag dem Gedanken nicht weiter nachgehen. Könnte ich aber dies kalte und gemarterte Herz an deine Brust legen! [...] (288)

An die Familie   Straßburg, 28. Juli 1835

[...] Der Dichter ist kein Lehrer der Moral, er erfindet und schafft Gestalten, er macht vergangene Zeiten wieder aufleben, und die Leute mögen dann daraus lernen, so gut, wie aus dem Studium der Geschichte und der Beobachtung dessen, was im menschlichen Leben um sie herum vorgeht. Wenn man so wollte, dürfte man keine Geschichte studieren, weil sehr viele unmoralische Dinge darin erzählt werden, müßte mit verbundenen Augen über die Gasse gehen, weil man sonst Unanständigkeiten sehen könnte, und müßte über einen Gott Zeter schreien, der eine Welt erschaffen, worauf so viele Liederlichkeiten vorfallen. Wenn man mir übrigens noch sagen wollte, der Dichter müsse die Welt nicht zeigen wie sie ist, sondern wie sie sein solle, so antworte ich, daß ich es nicht besser machen will, als der liebe Gott, der die Welt gewiß gemacht hat, wie sie sein soll. Was noch die sogenannten Idealbilder anbetrifft, so finde ich, daß sie fast nichts als Marionetten mit himmelblauen Nasen und affektiertem Pathos, aber nicht Menschen von Fleisch und Blut gegeben haben, deren Leid und Freude mich mitempfinden macht, und deren Tun und Handeln mir Abscheu oder Bewunderung einflößt. Mit einem Wort, ich halte viel auf Goethe oder Shakespeare, aber sehr wenig auf Schiller. [...] (306)

An die Familie   Straßburg, den 1. Januar 1836

[...] Übrigens gehöre ich *für meine Person* keineswegs zu dem sogenannten *Jungen Deutschland*, der literarischen Partei Gutzkows und Heines. Nur ein völliges Mißkennen unserer gesellschaftlichen Verhältnisse konnte die Leute glauben machen, daß durch die Tagesliteratur eine völlige Umgestaltung unserer religiösen und gesellschaftlichen Ideen möglich sei. Auch teile ich *keineswegs ihre Meinung über die Ehe und das Christentum,* aber ich ärgere mich doch, wenn Leute, die in der Praxis tausendfältig mehr gesündigt, als diese in der *Theorie,* gleich moralische Gesichter ziehn und den Stein auf ein jugendliches, tüchtiges Talent werfen. Ich gehe meinen Weg für mich und bleibe auf dem Felde des Dramas, das mit all diesen Streitfragen nichts zu tun hat; ich zeichne meine Charaktere, wie ich sie der Natur und der Geschichte angemessen halte, und lache über die Leute, welche mich für die Moralität oder Immoralität derselben verantwortlich machen wollen. Ich habe darüber meine eignen Gedanken. [...]
Ich komme vom Christkindelsmarkt, überall Haufen zerlumpter, frie-

render Kinder, die mit aufgerissenen Augen und traurigen Gesichtern vor den Herrlichkeiten aus Wasser und Mehl, Dreck und Goldpapier standen. Der Gedanke, daß für die meisten Menschen auch die armseligsten Genüsse und Freuden unerreichbare Kostbarkeiten sind, machte mich sehr bitter. [...] (313)

An Gutzkow

Straßburg, (1836)

[...] Übrigens, um aufrichtig zu sein, Sie und Ihre Freunde scheinen mir nicht gerade den klügsten Weg gegangen zu sein. Die Gesellschaft mittelst der *Idee,* von der *gebildeten Klasse* aus reformieren? Unmöglich! Unsre Zeit ist rein *materiell,* wären Sie je direkter politisch zu Werk gegangen, so wären Sie bald auf den Punkt gekommen, wo die Reform von selbst aufgehört hätte. Sie werden nie über den Riß zwischen der gebildeten und ungebildeten Gesellschaft hinauskommen.
Ich habe mich überzeugt, die gebildete und wohlhabende Minorität, so viel Konzessionen sie auch von der Gewalt für sich begehrt, wird nie ihr spitzes Verhältnis zur großen Klasse aufgeben wollen. Und die große Klasse selbst? Für die gibt es nur zwei Hebel, materielles Elend und *religiöser Fanatismus*. Jede Partei, welche diese Hebel anzusetzen versteht, wird siegen. Unsre Zeit braucht Eisen und Brot – und dann ein *Kreuz* oder sonst so was. Ich glaube, man muß in sozialen Dingen von einem absoluten *Rechtsgrundsatz* ausgehen, die Bildung eines neuen geistigen Lebens im *Volk* suchen und die abgelebte moderne Gesellschaft zum Teufel gehen lassen. Zu was soll ein Ding, wie diese, zwischen Himmel und Erde herumlaufen? Das ganze Leben derselben besteht nur in Versuchen, sich die entsetzlichste Langeweile zu vertreiben. Sie mag aussterben, das ist das einzig Neue, was sie noch erleben kann. [...] (319 f.)

Eine Collage von Auszügen aus BÜCHNER-Briefen ist vorangestellt worden. All diese Texte sind bekannt, denn der BÜCHNERforschung dienen sie als immer wieder herangezogenes Argumentationsarsenal. Dennoch: Liest man sie unvoreingenommen und presst sie nicht gleich in den Kontext irgendwelcher Interpretationshypothesen, die BÜCHNER zum Nihilisten, Christen, zum Revolutionär, zum Revolutionär ohne Revolution oder zum Marxisten abstempeln wollen, so ergibt sich von dieser Person ein in sich sehr uneinheitliches, widersprüchliches Bild. Sicherlich: Mit einem so wenig konturenscharfen Bild will man sich nicht zufrieden geben, befriedigender ist eine Schublade aufzuziehen und BÜCHNER dort einzuordnen. Aber dabei fordert man von BÜCHNER etwas, was dieser vielleicht gar nicht sein konnte und sein wollte. Was nicht vergessen werden darf, ist doch, dass Büchner noch ein sehr junger Mensch war, dem zugestanden werden sollte, dass er noch mit sich und seinen Einstellungen experimentierte, verschiedene intellektuelle Haltungen durchprobierte, sein Leben in unterschiedlichen Rollen entwarf. Statt einer fertigen Persönlichkeit, die Büchner wohl noch nicht mit seinen 23 Jahren war, sollte man ihm zugestehen, dass er sich selbst noch entwickelte, an sich arbeitete, in Widersprüchen lebte und diese auszuhalten versuchte.

Dieser Aspekt einer noch unfertigen Person, die damit beschäftigt ist, einen Lebensentwurf für sich zu finden, könnte Büchner gerade für Schüler interessant machen. Darum ist die vorliegende Darstellung auch so angelegt, dass sie sich zwei Arbeiten Büchners zuwendet, die zueinander in einem extremen Verhältnis stehen. Auf der einen Seite der HESSISCHE LANDBOTE, der von einer Einstellung zeugt, dass man in das Leben gestaltend und es verbessernd eingreifen kann, auf der anderen Seite WOYZECK, ein Drama, das sich eine Antwort auf die Frage, wie man handelnd und sie verbessernd in die Welt eingreifen kann, radikal verweigert. Es kommt nicht darauf an, beide Texte gegeneinander auszuspielen oder den einen Text als Folge des anderen zu erklären, etwa in dem Sinne, der Misserfolg des LANDBOTEN habe Büchner resignieren lassen und Zeugnis dieser Resignation seien DANTONS TOD und WOYZECK. Solche Kausalerklärungen dürften zu kurz greifen. Vielmehr sollen beide Texte scharf gegeneinander gestellt werden um damit eben auch die Widersprüchlichkeit, das *Unfertige* in Büchner erkennbar zu machen, das mit einer Radikalität des Fragens einhergeht, eben weil es sich noch nicht durch präparierte ideologische Antworten beruhigt hat.

2 »Der Hessische Landbote«

2.1 Entstehung, Verbreitung und Aufnahme des »Hessischen Landboten«

Mit dem Titel DER HESSISCHE LANDBOTE ist gleich zweierlei signalisiert. Zum einen knüpft BÜCHNER mit dem **Boten** an eine beliebte Titelgebung von Nachrichtenorganen an, zum anderen nennt er gleich den ins Auge gefassten Rezipientenkreis, dem die Nachrichten unterbreitet werden sollen: die hessische Landbevölkerung.

Das Großherzogtum Hessen, ein Kleinstaat mit einer Fläche von etwa 8000 Quadratkilometern, war in den Dreißigern des vorigen Jahrhunderts noch weitgehend reines Agrarland. Nur jeder siebente der 700 000 Einwohner lebte in der Stadt. Dennoch war die Besiedlungsdichte des Großherzogtums aufgrund einer demografischen Explosion (sinkende Sterblichkeit und zunehmende Lebenserwartung) nicht gering, die Bevölkerung verdoppelte sich in den Jahren 1790–1850 und erreichte um das Jahr 1835 eine Dichte von hundert Personen pro Quadratkilometer. Der Zuwachs entfiel jedoch weitgehend auf das flache Land, während die Bevölkerung der Städte stagnierte. Eine nennenswerte Industrialisierung fehlte bislang, wenn sich auch bereits eine vorindustrielle Reservearmee von ruinierten Bauern und Handwerkern gebildet hatte. Die landwirtschaftliche Produktion hielt noch immer an den althergebrachten Methoden fest.

Vielfältige Steuerlasten, Arbeitsverpflichtungen und minderes Recht setzten die 1812 aufgehobene Leibeigenschaft mit andern Mitteln fort. Wohnungsnot durch überhöhte Mieten, Unterernährung, Bettelei, Alkoholismus fielen sogar den Behörden auf, denen die anschwellende Auswanderungswelle zu schaffen machte. Der gestaute Unmut, angespornt durch spärliche Nachrichten von der französischen Julirevolution, entlud sich nur in vereinzelten, planlosen Aufständen, die prompt und gründlich niedergeschlagen wurden. Politischer Widerstand, der über liberale Bekenntnisse hinausgegangen wäre, mußte sich seit dem Vereins- und Versammlungsverbot von 1832 in den Untergrund verziehen. (Klotz 1975, Agitationsvorgang, 389)

Aus diesem Untergrund heraus schickte BÜCHNER seine **erste Botschaft**, wobei der Anklang an die *Frohe Botschaft* des Evangeliums nicht ganz unbeabsichtigt sein dürfte. Weitere Botschaften sollten folgen, jedoch die Ereignisse um den HESSISCHEN LANDBOTEN machten eine Fortsetzung des Unternehmens unmöglich.

Weil Entstehung, redaktionelle Bearbeitung, Druck und Verteilung des HESSISCHEN LANDBOTEN ganz im Geheimen geschehen mussten, kann die Entstehung dieser Flugschrift trotz minutiöser Arbeit der Forschung nicht ganz aufgehellt werden. So viel gilt jedoch als ausgemacht: BÜCHNER gründet im März 1834 eine Gießener Sektion der *Gesellschaft der Menschenrechte* nach dem Muster der französischen *Société des Droits de l'homme*, in der egalitaristische und frühkommunistische Gesellschaftstheorien diskutiert werden. In dieser Gesellschaft erklärt er sich bereit eine Flugschrift zu verfassen, die er Ende März fertig gestellt haben dürfte. Becker, ein Freund, schreibt diese Schrift ins Reine, weil BÜCHNERS Handschrift als unleserlich gilt. Diese Abschrift bringen Gustav Clemm und August Becker nach Butzbach zu WEIDIG, der in Butzbach seit 1812 Konrektor, seit 1827 Rektor der dortigen Stadt- bzw. Lateinschule ist. Er gehörte 1833 zu den maßgeblichen Hintermännern des Frankfurter Wachensturms und gilt als eine der tragenden Figuren der oberhessischen Oppositionszirkel.

> Weidig war, seinem Herkommen und seinen Überzeugungen nach, ein christlicher Patriot. Er hing der Idee eines Volkskaisertums an und wünschte sich einen ständigen deutschen Einheitsstaat, in dem es gerecht zugehen sollte. Im Gegensatz zu den nationalliberalen Bürgern schwarz-rot-goldener Couleur war er jedoch ein echter Demokrat. Die Not der Bauern und Handwerker kannte er aus eigener Anschauung, und er war entschlossen, mit ihnen gemeinsame Sache zu machen. Das war alles andere als selbstverständlich – den Burschenschaftlern und den begüterten Liberalen schien ein solches Vorgehen undenkbar. Weidigs politische Strategie zielte auf eine große Koalition gegen die fürstlichen Machthaber ab; Erfolg versprach er sich allein von einem breiten Zweckbündnis der verschiedenen Fraktionen gegen den gemeinsamen Gegner. Im Interesse dieses Zieles war er zu weitgehenden Kompromissen, ja sogar zu bewußtem Lavieren bereit; auf die Reinheit der Doktrin kam es ihm ebensowenig an wie auf ein schlüssiges Programm, nach dem es eine bessere Gesellschaft zu begründen galt. (Enzensberger 1974, 49)

Genau dieses pragmatische, den Kompromiss nicht scheuende Verhalten macht es auch so schwierig, zuverlässig zu sagen, ob er nun eher ein romantischer Kaiserträumer mit bürgerlich liberalen Einstellungen war oder – wie neuere Forschung annimmt – eher dem linken volksverbundenen Flügel des Republikanismus sich zugehörig fühlte.

WEIDIGS taktisches Lavieren mag auch der Grund gewesen sein, warum er den Überbringern des BÜCHNER'SCHEN Manuskriptes gegenüber erklärte, **daß die konstitutionellen Revolutionärs sich von uns trennen würden, wenn sie die heftigen Invektiven gegen die Reichen läsen, und daß daher diese, sowie auch die Ausfälle gegen die landständische Opposition ausgelassen und durch Anderes ersetzt werden müßten.** (zit. n. 442) WEIDIG redigierte in diesem Sinne das Manuskript, setzte z. B. an die Stelle, wo BÜCHNER von den **Reichen** sprach, die **Vornehmen**. Er unterbreitete es einer von ihm einberufenen Versammlung der kurhessischen und hessendarmstädtischen Liberalen und Demokraten auf der Badenburg am 3. Juli 1834, ließ wohl dort seine Fassung des *HESSISCHEN LANDBOTEN* absegnen, sodass diese dann am Abend des 5. Juli von BÜCHNER und Schütz bei WEIDIG in Butzbach abgeholt werden konnte. Versehen mit einem Empfehlungsschreiben machten sich BÜCHNER und Schütz auf den Weg nach Offenbach zu dem Drucker Carl Preller, den *HESSISCHEN LANDBOTEN* in Botanisierbüchsen versteckt. Preller stellte ca. 700–1000 Exemplare des *LANDBOTEN* her, die dann von Minnigerode, Schütz und Zeuner Ende Juli von Offenbach abgeholt und von dort nach Darmstadt, Friedberg, Butzbach und Gießen gebracht wurden. Durch Denunziation des zum Butzbacher WEIDIG-Kreises gehörenden Konrad Kuhl wurde Minnigerode am Abend des 1. August am Gießener Selzertor mit 139 Exemplaren verhaftet. Die Exemplare hatte er in Rock und Stiefeln versteckt. BÜCHNER, von der Verhaftung in Kenntnis gesetzt, machte sich gleich auf den Weg um seine Freunde und Gesinnungsgenossen zu warnen. Er selbst stellte sich dann dem Universitätsrichter Georgi,

um sich wegen der Verletzung von Rechten bei der in seiner Abwesenheit erfolgten Hausdurchsuchung zu beschweren. Durch sein forsches und kaltblütiges Auftreten sowie durch stichhaltige Alibis für seine Reise gelingt es Büchner, den Gießener Universitätsrichter Georgi, der Büchner aufgrund einer Verfügung des Darmstädter Ministeriums des Innern und der Justiz als den mutmaßlichen, von Kuhl verratenen Verfasser des *HESSISCHEN LANDBOTEN* verhaften soll, so zu verunsichern und zu düpieren, daß dieser ›die befohlene Verhaftung nicht zu vollziehen‹ wagt. (zit. n. 444)

BÜCHNER setzte sich schließlich von Gießen ab, hielt sich noch in Darmstadt bis zum März des folgenden Jahres auf, bis er dann nach Straßburg floh um sich der Verfolgung zu entziehen.

Wenn sich auch durch die Konfiszierung vieler *LANDBOTEN*-Drucke aufgrund der Verhaftung Minnigerodes die Anzahl verfügbarer Exemplare verringerte und sich Angst breit machte, wurden doch viele Exemplare vornehmlich in den Dörfern um Butzbach und Gießen verteilt. Hartnäckig hält sich in der wissenschaftlichen BÜCHNER-Literatur die Annahme, dass die Bauern – wie es Becker später aussagte – brav die Flugschriften den Behörden abgeliefert haben, doch nach neuerer Akteneinsicht durch den Germanisten Thomas Michael Mayer ist nur ein einziges Dokument bekannt, mit dem der Beweis angetreten werden könnte, Bauern und Handwerker hätten die Flugschrift den Behörden ausgehändigt. Ein allerdings spärlicher Beweis.

Im November 1834 trugen im Wesentlichen Marburger Oppositionelle dazu bei, dass der LANDBOTE gar eine Zweitauflage erlebte, die freilich BÜCHNER in ihrer Druckfassung nie zu Gesicht bekam und für deren nochmalige Änderungen im Vergleich zur Erstfassung ebenfalls WEIDIG und vor allem EICHELBERG verantwortlich waren. Der Faktor der Elwert'schen Buchdruckerei in Marburg, Ludwig August Rühle, wurde diesmal für die gefährliche und illegale Druckaktion gewonnen. So konnte er sich in mehreren ihm sehr sauer gewordenen Winternächten ein Zubrot für Weihnachten verdienen (Schaub 1976, 130). An insgesamt 22 Orten ist die Verbreitung des LANDBOTEN dokumentarisch nachgewiesen. Erst im April 1835 wurden die Polizeibehörden fündig und sogleich setzte eine Verhaftungswelle ein, der u. a. EICHELBERG, BECKER und WEIDIG zum Opfer fielen. WEIDIG starb an den Folgen seiner Haft.

Die Gefährlichkeit, die dem HESSISCHEN LANDBOTEN attestiert wurde, bezeugen die Aussagen der Referenten beim Gießener Hofgericht.

> Während die anderen Flugschriften des Weidig-Kreises als ›Schmähschriften‹ mit ›beleidigenden Drohungen‹ bzw. mit ›aufwieglerischer Tendenz‹ sowie als ›volksaufwieglerische‹ Schriften mit ›Majestätsbeleidigung‹ charakterisiert werden, wird der HESSISCHE LANDBOTE als eine ›hochverräterische‹, ›unzweifelhaft revolutionäre Flugschrift‹ bezeichnet, wobei noch auf den ›ganz besonders rücksichtslosen und gemeinen Ton dieser Schrift, welche alle anderen an ehrverletzenden Äußerungen überbietet und als der Ausfluß der verwerflichsten Gesinnung, als das Produkt des frechsten zügellosesten Republikanismus erscheint‹, aufmerksam gemacht wird. (zit. n. 457)

Es sei eine Schrift, **die ›geradezu zum Umsturz des Bestehenden aufforderte‹**, während die anderen Flugschriften des Weidig-Kreises ›nur gegen einzelne Regierungshandlungen, nicht auf Umsturz oder Veränderung der Verfassung gerichtet‹ gewesen seien (458).

2.2 Die Argumentations- und Schreibstrategie im »Hessischen Landboten«

Worin liegt nun das Provokative dieser Flugschrift? Es ist sicherlich in der von BÜCHNER/WEIDIG eingeschlagenen Schreibstrategie zu suchen, in dem von ihnen hergestellten Bezug zwischen Text und angesprochenem Publikum, zwischen Intention und sprachlicher Realisation.

So verleiht bereits die Angabe **Darmstadt, im Juli 1834** der Flugschrift den offiziellen Charakter, denn Darmstadt als Residenzstadt des Großherzogtums Hessen ist jener Ort, von dem aus die Erlasse, Gesetze und Anordnungen ergehen. Die im Geheimen erstellte und verteilte Flugschrift usurpiert den Charakter einer offiziellen Verlautbarung, der Aufruf zur Revolution setzt sich an die Stelle der knechtenden Erlasse.

Der dann folgende Vorbericht wurde – das kann als gesichert gelten – von WEIDIG verfasst und in der zweiten Fassung des HESSISCHEN LANDBOTEN weggelassen. Mayer vermutet, dass sich der Pfarrer zu dieser Streichung entschloss, weil die Verhaltensmaßregeln bereits **in strafrechtlicher Hinsicht ein verstärkendes Eingeständnis des hochverräterischen Charakters der Schrift bedeuteten.** (Mayer 1979, 185 f.) Man wird jedoch dem Vorbericht als Beginn der Flugschrift zugute halten müssen, dass hier schlagartig die Situation, auf die das Flugblatt zu reagieren versuchte, deutlich wurde: Die Schrift will dem hessischen Lande die Wahrheit sagen, aber genau dies wird mit dem Tode bestraft, ja, selbst wer auch nur die Wahrheit liest, wird im Zusammenspiel von Macht und Justiz gestraft. Die Neugier des Lesers wird unmittelbar geweckt, er wird gespannt darauf gemacht, eine geradezu tödliche Wahrheit zu erfahren. Was folgt, sind fünf pragmatische Verhaltensregeln, wie mit der Flugschrift umzugehen sei. Diese Ratschläge sind nützlich, zugleich dürften sie aber auch den Blick auf einen menschlich entwürdigenden Zustand geschärft und Wut hervorgerufen haben. Kommentarlos, aber schlaglichtartig beleuchten die Verhaltensregeln eine gesellschaftliche Situation, die es zu ändern gilt, denn sie ist geradezu absurd.

Es folgt in der Anordnung der ersten Zeilen der Flugschrift das Motto. Durch den parallelen Bau, die scharfe Opposition (Krieg/Frieden; Paläste/Hütten), die Verknappung, indem das Prädikat eliminiert wird, erhält es Parolencharakter, ist als Aufforderung zu lesen (s. die Ausrufezeichen) und steckt den Rahmen ab, unter dem das Folgende zu lesen ist. Für den Belesenen – auch wenn sich an ihn das Flugblatt nicht wendet – verbindet es die Flugschrift mit der Französischen Revolution, denn das **Guerre aux châteaux! Paix aux chaumières** soll von dem Schriftsteller Nicolas Chamfort den Soldaten der Revolutionsheere als Wahlspruch vorgeschlagen worden sein.

BÜCHNER überfällt seinen Leser mit den ersten Sätzen nicht, trifft hier keine indikativischen Aussagen über einen gesellschaftlichen Zustand, die vom Leser nur pauschal als zutreffende Beschreibung angenommen oder als Unterstellung abgewiesen werden können. Er formuliert auch keine Imperative, durch die der Leser zu direkt hätte angesprochen werden können. BÜCHNER wählt als Anfang folgendes Satzpaar: **Im Jahr 1834 siehet es aus, als würde die Bibel Lügen gestraft. Es sieht aus, als hätte Gott die Bauern und Handwerker am 5ten Tage, und die Fürsten und Vornehmen am 6ten gemacht, und als hätte der Herr zu diesen gesagt: Herrscht über alles Getier, das auf Erden kriecht, und hätte die Bauern und Bürger zum Gewürm gezählt.** (40) Ein raffinierter Einsatz, denn BÜCHNER hält eine biblische Aussage gegen das

Beobachtbare (**Es sieht aus**), wobei er dieses Beobachtbare genau durch die Jahreszahl (1834) als Gegenwart fixiert. Mit der Erwähnung der Bibel weist der Autor gleich zu Beginn auf jenes Werk hin, das ihm in der ganzen Flugschrift wichtigste Quelle für Zitate und Anspielungen ist. Die Bibel ist das Buch des angesprochenen Lesers, das für ihn Autorität hat, dessen Sprache ihm vertraut ist und das seine Vorstellungen von Welt, Gesellschaft und menschlichem Geschick bestimmt. Das Provokatorische und Aufschreckende des Anfangs besteht nun in der fingierten Behauptung, dass die Bibel in ihren Aussagen durch die Wirklichkeit Lügen gestraft würde. Durch die Verwendung des **es sieht aus, als** überlässt es jedoch BÜCHNER dem Leser, selbst zu überprüfen, ob die Aussage zu Recht gemacht wird. Er soll die Aussagen des Schöpfungsberichtes gegen die Wirklichkeit halten und darüber befinden, wieweit der Zustand im Jahre 1834 sich mit der biblischen Aussage vereinbaren lässt. Damit ergibt sich die Möglichkeit für den Leser die Wirklichkeit gegen die Bibel zu halten, sie an diesem kritischen Maßstab zu messen. Das bedeutet einen neuen Gebrauch der Bibel, war sie doch bislang ein Instrumentarium der Herrschenden, das sie zur Stabilisierung ihrer Herrschaft gegenüber dem **Gewürm** gebrauchten. Nunmehr gibt BÜCHNER dem Geschundenen die Bibel zurück, lässt ihn durch sie die Wirklichkeit hinterfragen und erkennen, dass entgegen dem Schöpfungsbericht die Gleichheit unter den Menschen aufgehoben ist, indem sich ein Teil der Menschen zu Herrschern über das Getier aufgeschwungen hat. Das konjunktivisch formulierte **als hätte der Herr gesagt** zeigt deutlich, dass sich die Fürsten und die Vornehmen des göttlichen Wortes bemächtigt, es in seiner Intention verkehrt und zu ihren Gunsten ausgelegt haben, sich also damit gegen Gott vergangen haben. Der Anfang zeigt deutlich: BÜCHNER überfällt den Leser nicht, will ihm nicht eine bestimmte Sichtweise aufdiktieren, vielmehr ist ihm daran gelegen, dass der Leser selbst mündig gemacht wird, sehen und durchschauen lernt, was sich bislang als fraglos Hingenommenes darbot. Indem BÜCHNER den Leser als urteilsfähiges Subjekt anspricht, spielt er ihm die Rolle zu, die er schließlich auch im politischen Raum gewinnen soll.

Mit den nächsten Sätzen wechselt BÜCHNER vom Konjunktiv in den Indikativ:

> Das Leben der Vornehmen ist ein langer Sonntag, sie wohnen in schönen Häusern, sie tragen zierliche Kleider, sie haben feiste Gesichter und reden eine eigene Sprache; das Volk aber liegt vor ihnen wie Dünger auf dem Acker. Der Bauer geht hinter dem Pflug, der Vornehme aber geht hinter ihm und dem Pflug und treibt ihn mit den Ochsen am Pflug, er nimmt das Korn und läßt ihm die Stoppeln. (40)

Die asyndetisch geführte, parataktische Aneinanderreihung von parallel gebauten Teilsätzen ergibt als Ganzes eine auf den Gegensatz hin komponierte Konstruktion, die in sich die gesellschaftlichen Gegensätze zwischen den Vornehmen und dem Volk verbildlicht. Die Klasse der Vornehmen genießt das Leben. Der Anklang an den siebten Schöpfungstag, wo Gott wohlgefällig auf sein Werk zurückblickt, ist unüberhörbar, wodurch die Haltung der Vornehmen etwas Gott Ähnliches bekommt, aber hier geradezu blasphemisch-hybrid wirkt. Die Vornehmen kapseln sich vom Volke ab. Sie nehmen für sich das Schöne in Anspruch, statten sich mit Repräsentativem, Symbolen ihrer Macht, aus (**schöne Häuser, zierliche Kleider**), ihr feistes Gesicht verrät ihr schmarotzerhaftes Wesen. Sprachlich haben sie sich vom Volke entfernt (**reden ihre eigene Sprache**). BÜCHNER gibt aber dem Volk seine Sprache, hält ihm in ausgesuchten Bildern seine Situation vor Augen, sodass es sie zu sehen, zu erkennen und zu artikulieren lernt. Er kleidet die gesellschaftliche Hierarchie in das Bild des pflügenden Bauern, der wie ein Tier von den Vornehmen getrieben wird. Das sind Bilder, die das Volk versteht. BÜCHNER benutzt demnach nicht nur die Bildwelt der Bibel, ein weiteres für die Flugschrift bestimmendes Bildreservoir ist die bäuerliche Lebenswelt. Sie ist Bildspender für die Metaphern (z. B. **sein Leib ist eine Schwiele, sein Schweiß ist das Salz auf dem Tische des Vornehmen**, 40). Klotz führt sehr zutreffend über die metaphorisch-allegorische Sprechweise des LANDBOTEN aus:

Keine überlieferten, handelsüblichen Sinnbilder [...], sondern Sinnbildnerei ad hoc, die, um Sinn zu gewinnen, prompte Zustimmung des eng umrissenen Publikums und nur bei ihm erheischt. Es allein kann aus seiner unverwechselbaren Klassenschicht als gültiges Faktum bestätigen, was zunächst nur bildlicher Vorschlag ist. Dieser Vorschlag soll dem rhetorisch mitwirkenden Adressaten schmerzhaft ins Bewußtsein gravieren, was er bisher nur dumpf empfand. [...] Die erstrebte kooperative Sinnbildnerei zwischen dem LANDBOTEN und seinem Publikum zeigt hier noch einen weiteren Zug, der sie von üblicher Allegorik unterscheidet. Kein abstrakter Begriff wird figürlich illustriert, sondern ein komplizierter Sachverhalt geht ein in einen sinnlichen Gegenstand, der durch einen andern sinnlichen Gegenstand veranschaulicht wird: ›sein Leib ist eine Schwiele, sein Schweiß ist das Salz auf dem Tische des Vornehmen‹ (Leib = Schwiele, Schweiß = Salz). Jeweils beide Partner des allegorisierenden Vorgangs sind sinnliche, keineswegs uneigentliche Erscheinungen, und zwar auf beiden Ebenen des Veranschaulichungsakts. (Klotz 1975, 394 f.)

Zu Beginn des nächstfolgenden Abschnitts bedient sich BÜCHNER eines weiteren Mittels, das dann auch den noch folgenden Teil der Flugschrift wesentlich wie Bibelzitat und Metaphorik bestimmen wird: der Statistik. Deren Verwendung zur Agitation – BÜCHNER greift auf die

Statistik des hessischen Staatshaushaltes zurück – ist für Flugschriften ein Novum. Warum sich Büchner dieses Mittels bedient, ist offensichtlich. Seine Flugschrift gewinnt damit an Authentizität in der Aussage. Dadurch, dass er die Zahlen bis auf die letzte Stelle genau angibt, erweckt er den Eindruck, hier spreche jemand, der sich genau auskenne, nicht nur im Ungefähren herumtappe und auch nicht übertreibe. Indem er die Zahlen aus der stummen Statistik löst und sie in seine Flugschrift einbaut, ja sogar bestimmte Zahlenangaben im Folgenden zur Gliederung des Textes benutzt, macht er die Zahlen beredt. Die abstrakten Zahlen werden anschaulich, werden zum **Blutzehnten, der von dem Leib des Volkes genommen wird.** (42)

Büchner geht nun die einzelnen Etatposten durch und kommentiert sie, indem er sinnfällig macht, welche Summen, dem Volk abgepresst, wieder zur Unterdrückung des Volkes und seiner weiteren Ausbeutung eingesetzt werden. Es sind dies das Ministerium des Innern und der Gerechtigkeitspflege, das Ministerium der Finanzen, das Militär, die Pensionen, die Landstände usw. Er spricht dem Staat ab, was im Namen des Staates erpresst wird, indem er die offizielle Sprachregelung unterminiert und hinterfragt: **Im Namen des Staates wird es erpresst, die Presser berufen sich auf die Regierung und die Regierung sagt, das sei nötig, die Ordnung im Staat zu erhalten.** (42) Entgegen der Definition des Staates, wonach Verordnungen und Gesetze vorhanden sind, durch deren Einhaltung das Wohl Aller gesichert wird, verweist Büchner – durch ein zweifaches **Seht nun** (42/44) die Aussage intensivierend – darauf, dass in dem Großherzogtum 700 000 Menschen dafür bezahlen müssen, dass sie zu Ackergäulen und Pflugtieren gemacht werden, die eine kleine Gruppe von **Ordnungshütern** finanzieren müssen. Das Volk hat sich der **Menschen- und Bürgerrechte** (44) begeben um jene sehr eindrucksvoll in asyndetischer Reihung aufgezählte Legion von **Staatsräten und Regierungsräten, Landräten und Kreisräten, Geistlichen Räten und Schulräten, Finanzräten und Forsträten** (42) mit ihren Heeren von Sekretären usw. zu ernähren. Eine Clique hat sich breit gemacht, spielt sich zum Hirten, Melker und Schinder der Volksherde auf. So wie die staatliche Ordnung pervertiert ist, wendet sich auch das Rechtswesen gegen das Volk und ist reine Klassenjustiz geworden. Gesetze sind **willkürliche Verordnungen** (42), die sich sprachlich von denen, die sie betreffen, entfernt haben (**Meist geschrieben in einer fremden Sprache,** 44) und die somit das Volk entmündigen. Büchner jedoch verleiht den in die Sprachlosigkeit Gestürzten eine neue radikale Sprache, die die Dinge beim Namen nennt. Er nennt die Justiz in Deutschland eine **Hure der deutschen Fürsten** (44), die Gerechtigkeit

ist zu einem **Mittel verkommen euch in Ordnung zu halten, damit man euch bequemer schinde** (44).
Die bestechliche, korrupte Justiz gleicht dem Militär. Die 914820 Gulden, die dafür ausgegeben werden, dienen lediglich dazu, dass die Söhne des Volks **den Tyrannen schwören und Wache halten an ihren Palästen. Mit ihren Trommeln übertäuben sie eure Seufzer, mit ihren Kolben zerschmettern sie euch den Schädel, wenn ihr zu denken wagt, daß ihr freie Menschen seid.** (46) Lakonisch heißt es: Das Militär ist **der gesetzliche Mörder, welcher die gesetzlichen Räuber schützt.** (46)

Waren die Angriffe BÜCHNERS bislang noch unkonkret, greift er in einem eigenen Kapitel durch beißende Ironie den Nimbus des Landesfürsten und seinen Staatsrat aus lauter **Drahtpuppen** (48) direkt an. Er entblößt den Fürsten seiner Unverletzlichkeit, Heiligkeit, Souveränität und königlichen Hoheit, stürzt so einen **Gott**, dem zu dienen er als **Götzendienst** bezeichnet: **Ihr seid wie die Heiden, die das Krokodil anbeten, von dem sie zerrissen werden. […] Der Fürst ist der Kopf des Blutigels, der über euch hinkriecht, die Minister sind seine Zähne und die Beamten sein Schwanz.** (50) Den imperativen Ausrufen **Seht nur** bzw. **Denkt an** (z. B. 44) folgt nun in einer Steigerung das **Geht einmal nach Darmstadt und seht, wie die Herren sich für euer Geld dort lustig machen, und erzählt dann euern hungernden Weibern und Kindern, daß ihr Brot an fremden Bäuchen herrlich angeschlagen sei.** (50)

Die deutschen Fürsten **sind keine rechtmäßige Obrigkeit** (50). Ihre Regierung ist nicht von Gott, sie sind vielmehr der Antichrist (**Ihr lästert Gott, wenn ihr einen dieser Fürsten einen Gesalbten des Herrn nennt, das heißt: Gott habe die Teufel gesalbt** (52). Nach einem solchen Höhepunkt der Agitation schlägt der die Flugschrift nunmehr tragende Sprechgestus in Prophetie um: **Doch das Reich der Finsternis neiget sich zum Ende.** (52) Was folgt, ist ein geschichtlicher Rückblick auf die Französische Revolution, die als leuchtendes Beispiel den Lesern vorgehalten wird. **Im Jahr 1789 war das Volk in Frankreich müde, länger die Schindmähre seines Königs zu sein. Es erhob sich.** (52) Es gilt, diesem Beispiel nachzueifern und es zu vollenden, denn das Volk versündigte sich, als es Napoleon seine junge Freiheit opferte und später, nach dem Sturze Karls des Zehnten, sich abermals **der halberblichen Königsherrschaft** (54) zuwendete und sich mit Louis Philipp **eine neue Zuchtrute aufband** (54).

BÜCHNER warnt vor den Verfassungsversprechen der Fürsten. **Denn was sind diese Verfassungen in Deutschland? Nichts als leeres Stroh.** (54) Landtage, Wahlgesetze, vor allem das Wahlgesetz des Großherzogtums, die Landstände, all das ist **nichts** (54). Aus dieser Zeit der Finsternis kommt man nur, wenn sich das ganze deutsche Volk die Freiheit erringt. **Der Herr […] wird auch die Götzenbilder unserer einheimischen Tyrannen zerbrechen durch die Hände des Volkes.** (58) Es entspräche jedoch keineswegs Intention und Argumentationsweise des HESSISCHEN LANDBOTEN, würde am Ende der Trost stehen, Gott führe sein Volk aus dem Jammertal eines entfremdeten Lebens heraus. Im Gegenteil, BÜCHNER zerstört dieses Gottvertrauen, das zur Passivität verführt. Gott selbst **wird euch die Kraft geben (die lehmigen Füße der Götzenbilder) zu zerschmeißen** (58), Voraussetzung dazu ist aber, dass **ihr euch bekehret von dem Irrtum eures Wandels und die Wahrheit erkennet** (58). Die Flugschrift will den Weg dazu bahnen, die Wahrheit zu erkennen und alte Irrtümer zu verabschieden. Das ist ihre vornehmliche Absicht, denn nur durch die Bewusstwerdung der eigenen Lage und den Ansporn die Zustände zu verändern wird eine Erhebung des Volkes denkbar.

> Nachdenkend sollen die Bauern sich selbst zum Objekt werden. Gelingt es, so sind sie schon nicht mehr ausschließlich Objekt ihrer Ausbeuter. Sie wären dann, vorderhand nur im Bewußtsein, der eigenen Verfügung zurückgegeben. Ausrufung also und Einberufung des Publikums als Subjekt in eigener Sache. Zwar, es hat zunächst nichts zu leisten als Aufmerksamkeit, Überlegung und Selbstprüfung. Dennoch sind diese Akte unerläßliche Bedingung dafür, daß es später zum Subjekt von Handlungen werde. (Klotz 1975, 401)

BÜCHNER spornt das Publikum zur Erhebung an. Er hatte bereits im ersten Teil der Flugschrift auf die von den Vornehmen/Reichen pervertierte Schöpfungsordnung hingewiesen und er kann nunmehr den Leser dazu auffordern, die Schöpfungsordnung wieder herzustellen. Durch diese Argumentationsstrategie werden die Leser in Sicherheit gewiegt nichts Widergöttliches zu tun, ja im Gegenteil, dem göttlichen Schöpfungsauftrag gerecht zu werden, wenn sie sich gegen den **Teufel** und ihre eigene Knechtschaft auflehnen.

So häufen sich am Ende des Landboten eschatologische Aussagen. Im Verweis auf die Propheten des Alten Testamentes heißt es in einem prophetischen Ton, der nun angeschlagen wird:

> Der Herr wird (der Fürsten) Zwingburgen zerschmeißen und in Deutschland wird dann Leben und Kraft, der Segen der Freiheit wieder erblühen. Zu einem großen Leichenfelde haben die Fürsten die deutsche Erde gemacht, wie Ezechiel im 37. Kapitel beschreibt: ›Der Herr führte mich auf ein weites Feld, das voller Gebeine lag, und siehe, sie waren sehr verdorrt.‹ Aber wie lautet des Herrn Wort zu den verdorrten Gebeinen: ›Siehe, ich will euch Adern geben und Fleisch lassen über euch wachsen, und euch mit Haut überziehen, und will

euch Odem geben, daß ihr wieder lebendig werdet, und sollt erfahren, daß Ich der Herr bin.‹ Und des Herrn Wort wird auch an Deutschland sich wahrhaftig beweisen, wie der Prophet spricht: ›Siehe, es rauschte und regte sich und die Gebeine kamen wieder zusammen, ein jegliches zu seinem Gebein. – Da kam Odem in sie und sie wurden wieder lebendig und richteten sich wieder auf ihre Füße, und ihrer war ein sehr groß Heer.‹ (60 f.)

Wie im Predigtaufbau verfahren die Verfasser, BÜCHNER und WEIDIG, wenn sie Bibelstellen, deren Auslegung und Applikation aufeinander folgen lassen. So fährt der Text fort:

Wie der Prophet schreibet, also stand es bisher in Deutschland: eure Gebeine sind verdorrt, denn die Ordnung, in der ihr lebt, ist eitel Schinderei. […] Aber wie der Prophet schreibet, so wird es bald stehen in Deutschland: der Tag der Auferstehung wird nicht säumen. In dem Leichenfelde wird sichs regen und wird rauschen und der neu Belebten wird ein großes Heer sein. (62)

BÜCHNER beschwört am Schluss der Flugschrift diesen Tag der Auferstehung, der aber nicht die Auferstehung zum ewigen Leben meint, sondern diese Vorstellung bereits säkularisiert hat. Das Reich, das kommen wird, ist nicht im Jenseits zu suchen, es ist das Reich der Gerechtigkeit hier auf Erden. Der LANDBOTE vertröstet nicht, sondern er fordert dazu auf, im Diesseits eben und nicht in der Transzendenz sich einzurichten. **Auferstehung konkretisiert sich zum Aufstand.** (Klotz 1975, 404)

Am Ende des LANDBOTEN steht die Versprechung: **Ihr bücktet euch lange Jahre in den Dornäckern der Knechtschaft, dann schwitzt ihr einen Sommer im Weinberge der Freiheit, und werdet frei sein bis ins tausendste Glied.** (64) Am Ende steht aber auch die Zusicherung, dass man nicht allein und den Pressern auf jeden Fall überlegen sein werde. Jetzt kommt es nur noch darauf an, die Zeichen der Zeit zu vernehmen, die der Herr gibt. Als solche Zeichen-Geber verstehen sich auch die Verfasser des LANDBOTEN: **Wann der Herr euch seine Zeichen gibt durch die Männer, durch welche er die Völker aus der Dienstbarkeit zur Freiheit führt, dann erhebet euch und der ganze Leib wird mit euch aufstehen.** (64) Der LANDBOTE selbst ist Zeichen und Fanal.

3 »Woyzeck«

3.1 Entstehung und Fassungen

BÜCHNER beginnt mit den Arbeiten am WOYZECK vermutlich im Herbst 1836. Einen Hinweis auf dieses Drama findet man in einem auf den Steptember 1836 zu datierenden Brief an seine Familie, in dem es heißt: Ich habe meine zwei Dramen [gemeint sein dürften LEONCE UND LENA und WOYZECK] noch nicht aus den Händen gegeben, ich bin noch mit Manchem unzufrieden und will nicht, daß es mir geht, wie das erste Mal [gemeint ist DANTON]. Das sind Arbeiten, mit denen man nicht zu einer bestimmten Zeit fertig werden kann, wie der Schneider mit seinem Kleid. (321) Im Gegensatz zu LEONCE UND LENA sollte jedoch WOYZECK nicht fertig werden. BÜCHNERS Tod verhinderte es. So blieb WOYZECK Fragment. Dieser Fragment-Charakter bedingte weitgehend die Editions- und Rezeptionsgeschichte. Erst 42 Jahre nach BÜCHNERS Tod veröffentlichte Franzos unter dem Titel WOYZECK. EIN TRAUERSPIEL-FRAGMENT den Text erstmalig, wobei ihm viele Lesefehler des Manuskripts unterliefen. Er nahm außerdem Streichungen vor, dichtete hinzu, stellte Szenen um, näherte, dem ästhetischen Geschmack seiner Zeit entsprechend, das offene Drama WOYZECK dem geschlossenen Drama an. Erst hundert Jahre nach BÜCHNERS Geburt wurde WOYZECK am 8. 11. 1913 im Münchner Residenztheater uraufgeführt. Mit der Ausgabe von Witkowski begann 1920 die wissenschaftliche und im eigentlichen Sinn textkritische Auseinandersetzung mit dem Drama. Witkowski ging es nicht mehr um die Erstellung eines spielbaren Textes, sondern ausschließlich um die Entzifferung der Handschriften. Eine weitere Besserung und Abklärung stellte die Ausgabe von Bergemann 1922 dar. Seine Spielfassung von 1926 stieß jedoch auf erneute Kritik seitens der Forschung (Müller-Seidel, Paulus, Elema u. a.). Die historisch-kritische Ausgabe von Lehmann (1967) bot schließlich das Textmaterial in dreifacher Form an:
1. in der chronologischen Folge der Entstehungsstufen
   (soweit sie überhaupt erschließbar sind)
2. als Synopse und
3. als Lese- und Bühnenfassung.

Philologenfleiß ließ aber auch diese Entscheidung nicht unangefochten. In letzter Zeit legten nochmals Krause, Bornscheuer, Richards und Kanzog Vorschläge zur Textgestaltung vor.

Drei Handschriften sind zum *Woyzeck* als Überlieferungsträger erhalten:
1. Die sogenannte Foliofassung (fünf Bogen im Folioseitenformat mit zusammen dreißig Szenen. Sie gliedert sich in zwei Szenengruppen (21 Szenen = H 1 und 9 Szenen = H 2).
2. Das sogenannte Quartblatt (ein Blatt in Quartformat mit zwei Szenen (= H 3).
3. Die sogenannte Quartfassung (sechs Bogen im Quartformat = H 4). Sie kann als vorläufige Reinschrift angesehen werden und sollte darum für jede Rekonstruktion als Basis dienen. Von den 17 Szenen, die H 4 überliefert, gehen 14 aus den Entwürfen der Handschriften H 1 und H 2 hervor. Dass es sich bei H 1 und H 2 um Vorstufen handelt, kann daraus geschlossen werden, dass BÜCHNER jeweils die in H 4 übertragenen Szenen in H 1 und H 2 gestrichen hat. H 4 bleibt jedoch insofern problematisch, als sie mit der Kasernenszene abbricht.

Es fehlt also der Schluß mit der Mordtat und dem, was sich weiter daraus ergibt; es fehlen einige Zwischenpartien, die Büchner lediglich durch Szenenüberschriften, nicht abgeschlossene Szenenentwürfe und unbeschriebene, zur Auffüllung vorgesehene Räume markierte. Die Tatsache, daß die entsprechenden Parallelstellen in H 1 und H 2 nicht durchgestrichen sind, deutet darauf hin, daß Büchner auf dieser Grundlage hatte weiterarbeiten [...] wollen. (Lehmann 1974, 10 271 f.)

Tendenzen, die sich während der Entstehungsstufen ausmachen lassen, sind mit aller Vorsicht:
1. eine Vereinheitlichung in der Namengebung. Woyzeck heißt in der früheren Fassung noch Louis, Marie hieß Margreth bzw. Louise.
2. Die Übernahmen aus dem historischen Fall Woyzeck (s. u.) werden deutlicher, wohingegen der erste Entwurf noch klarere Parallelen zum Fall Schmolling trug.
3. Die biblischen Anspielungen und die Volkslied-Einlagen nehmen zu.
4. Im Laufe der Entstehung ist eine Präzisierung und Betonung der sozialen Thematik zu vermuten:

Das Neue, das mit Hilfe der Zusätze in das Dramengefüge hineingebracht wird, ist die Thematik des sozialen Dramas, die in H 1 nur punktuell, beiläufig angedeutet ist. Damit erhält Woyzecks Verlust der Wirklichkeit eine zusätzliche Motivation, die weit über das hinausgeht, was H 1 mit seiner Eifersuchtshandlung erreichen konnte. Dieser sozial- und bewußtseinskritische Zug wird durch die erste Szene des Quartblatts H 3 (Der Hof des Professors) noch weiter vorangetrieben und radikalisiert. Woyzecks Paranoia, seine Halluzinationen und Phantasmagorien, seine Selbst- und Weltentfremdung, all das ist nicht nur, aber auch das Ergebnis einer planmäßigen wissenschaftlich kalkulierten Verstümmelung seiner Existenz, die im Gesellschaftlichen ihre Ursache hat.

Folgende Übersicht soll den Überblick erleichtern:

H 1		H 2	
Bogen I	1. Buden. Volk	Bogen III:	1. Freies Feld
	2. Das Innere der Bude		2. Die Stadt
	3. Margreth allein		3. Öffentlicher Platz. Buden. Lichter
	4. Casernenhof		4. Handwerksburschen
	5. Wirthshaus		5. Unteroffizier. Tambourmajor
	6. Freies Feld	Bogen IV:	6. Woyzeck. Doctor
	7. Ein Zimmer		7. Straße
	8. Casernenhof		8. Woyzeck. Louisel
	9. Der Offizier. Louis	Bogen V:	9. Louisel allein. Gebet
	10. Ein Wirthshaus		
Bogen II:	11. Wirthshaus		
	12. Freies Feld		
	13. Nacht. Mondschein		
	14. Margreth mit Mädchen vor der Hausthür		
	15. Margreth und Louis		
	16. Es kommen Leute		
	17. Das Wirthshaus		
	18. Kinder		
	19. Louis allein		
	20. Louis an einem Teich		
Bogen III:	21. Gerichtsdiener. Barbier. Arzt. Richter.		

H 3 enthält folgende zwei Szenen: Der Hof des Professors; Der Idiot. Das Kind. Woyzeck.

Die Szenenfolge in H 4 ist folgende:
    1. Freies Feld. Die Stadt in der Ferne
    2. Marie mit ihrem Kind am Fenster. Margreth
    3. Buden, Lichter. Volk (Szene nicht ausgeführt)
    4. Marie sitzt, ihr Kind auf dem Schooss, ein Stückchen Spiegel in der Hand
    5. Der Hauptmann. Woyzeck (MS teilweise unbeschrieben)
    6. Marie. Tambour-Major (MS teilweise unbeschrieben)
    7. Marie. Woyzeck (MS teilweise unbeschrieben)
    8. Woyzeck. Doctor (MS teilweise unbeschrieben)
    9. Hauptmann. Doctor (MS teilweise unbeschrieben)
    10. Die Wachstube
    11. Wirthshaus
    12. Freies Feld
    13. Nacht
    14. Wirthshaus
    15. Woyzeck. Der Jude (MS teilweise unbeschrieben)
    16. Marie. Der Narr
    17. Caserne.

[...] Es kommt Büchner ersichtlich darauf an, die physischen, psychischen und bewußtseinsgeschichtlichen Wirkungen solcher gesellschaftlichen Bedingungen nachzuweisen und mit der Eifersuchts- und Liebestragödie aufs engste zu verbinden (Lehmann 1967, 54).

Kopfzerbrechen bereitet der Forschung nach wie vor die Frage, wie denn BÜCHNER sein Drama hat enden lassen wollen. Drei Stückschlüsse sind aufgrund der vorliegenden Materialien denkbar: Die Szene am Teich könnte insofern den Schluss bilden, als Woyzeck bei dem Versuch das Messer immer weiter in den Teich zu werfen ertrinkt. Ein solches Ende wäre dann wieder daraufhin zu befragen, ob man Woyzecks Gang ins Wasser als verdeckten Selbstmord und damit gleichsam als Läuterung interpretiert oder als Eingang in den **Urzusammenhang des Seins, dessen unerfaßliche Abgründigkeit (Woyzecks) Geist und sein Herz während seines ganzen Lebens immer wieder als Ahnung und Schicksal in qualvoller Schrecknis, prophetischer Ekstase oder zitternder Hilflosigkeit heimgesucht hatte,** wie etwa Ritscher sehr wortgewaltig schließt (Ritscher, 35).

Das Szenenfragment **Gerichtsdiener, Barbier, Arzt, Richter** nutzen manche Editoren als Beleg für eine von BÜCHNER noch vorgesehene, den historischen Tatsachen entsprechende Gerichtsverhandlung, in der über Woyzeck das Urteil gesprochen werden soll. Entsprechend dem kriminalgeschichtlichen Vorgang wäre dann möglicherweise sogar an eine Hinrichtung Woyzecks zu denken. Gegen eine solche Interpretation der Szene spricht allerdings, dass der hier auftauchende Barbier keineswegs mit Woyzeck gleichzusetzen ist. Knapp wendet sich mit überzeugenden Gründen gegen einen solchen Schluss:

Von der in allen Fassungen immerhin punktuell, in der letzten fast durchgängig greifbaren substantiellen Anlage des Motivs der existentiellen Vereinsamung her gesehen, das natürlich durch die soziale Komponente des Fragments und die Eifersuchtshandlung gestützt wird, scheint ein derartiger Schluß nahezu ausgeschlossen: eine Ergreifung und Aburteilung durch die Gesellschaft bedeutete, in ihrem Kern zumindest, eine Re-Installierung des Isolierten und eine Zurücknahme, wenngleich ex negativo, der totalen Ausstoßung Woyzecks (Knapp 1975, 148).

Einiges hat die Schlussversion für sich, die Lehmann in seiner Fassung wählt, wenn er die zweite Szene aus H 3 ans Ende stellt. Gemeint ist die Szene **Der Idiot. Das Kind. Woyzeck.** Diese Szene spiegelt – auch darin stimmen wir mit Knapp überein – die letzte menschliche Vereinsamung und Verlassenheit Woyzecks, die vorher Schritt für Schritt vorbereitet wurde.

Das Motiv seiner Isolation, das im ganzen dramatischen Konzept sich zusehends verdichtet, wird hier zum einzig konsequenten Abschluß durchgeführt. Vom Standpunkt einer von außen an das Fragment herangetragenen Ordnung, die die darin vorgegebene Substanz nachvollziehend erfassen möchte, stellt die Szene H 3: 2 nicht nur einen notwendigen Bestandteil des Werks dar, sondern auch die gegebene Schlußszene. Nicht nur erlaubt sie in Schlußposition ein Beibehalten der Szenenfolge von H 1, sondern sie spitzt die innere Konsequenz der Figur Woyzeck auf eine einzigartige Weise zu, die dann einen dramaturgisch *offenen*, vom Gesichtspunkt der inneren, persönlichen Tragik Woyzecks aber endgültigen *geschlossenen* Schluß zuläßt (ebd. 74).

Schließlich werden aller Philologenfleiß und eine noch so scharfsinnige Argumentation nicht aus dem Dilemma herausführen, dass ein von BÜCHNER intendierter Schluss letzlich nicht aus der Befragung des Überlieferten eruierbar bzw. rekonstruierbar ist. Es scheint gar so, dass BÜCHNER selbst verschiedene Versionen eines möglichen Schlusses durchgespielt und sich noch nicht entschieden hatte. Man täte außerdem gut daran sich zu fragen, ob ein bestimmter Schluss – Selbstmord, Gerichtsverhandlung, offenes Ende usw. – Wesentliches an dem Dramenfragment ändert, denn eines scheint doch sicher zu sein, dass Woyzeck mit der Ermordung Maries bereits gestorben ist. Er gewinnt seine Identität aus seiner Liebe zu Marie, wie er dem Hauptmann gegenüber äußert: **Herr Hauptmann, ich bin ein arm Teufel, – und hab sonst nichts auf der Welt Herr Hauptmann, wenn Sie Spaß machen –** (245). Der Hauptmann hatte gerade zuvor eine Bemerkung über Maries Untreue gemacht und Woyzeck reagiert so, dass er kreideweiß, sein Puls klein, hart, hüpfend, unregelmäßig wird. Marie ist für Woyzeck ein und alles. Tötet er sie, tötet er zugleich sich selbst. Was nach diesem Selbstmord von Woyzeck noch bestehen bleibt, ist allenfalls eine ausgebrannte Hülle, ein Nichts. Insofern scheint es müßig, sich immer noch zu fragen, wie denn dieser völlig leere Woyzeck weiterlebt bzw. stirbt.

Wir übernehmen darum folgende Szenenabfolge:

1 Freies Feld. Die Stadt in der Ferne

2 Die Stadt

3 Buden. Lichter. Volk

4 Kammer

5 Der Hauptmann. Woyzeck

6 Kammer

7 Auf der Gasse

8 Beim Doktor

9 Straße

10 Die Wachstube

11 Wirtshaus

12 Freies Feld
13 Nacht
14 Wirtshaus
15 Kramladen
16 Kammer
17 Kaserne
18 Der Hof des Doktors
19 Marie mit Mädchen vor der Haustür
20 Abend. Die Stadt in der Ferne
21 Es kommen Leute
22 Wirtshaus
23 Abend. Die Stadt in der Ferne
24 Woyzeck am Teich
25 Straße
26 Gerichtsdiener. Arzt. Richter
27 Der Idiot. Das Kind. Woyzeck

Diese Szenenabfolge, die der Lehmanns entspricht, hat folgende überzeugende Vorteile: Sie hält sich weitgehend an die von BÜCHNER mehr oder weniger autorisierten Überlieferungsträger; sie erlaubt einen in sich weitgehend konsequenten Handlungsverlauf zu konstruieren; sie hält außerdem den Dramenschluss in einem Balanceakt zwischen Offenheit und Geschlossenheit. Darum wird sie auch den meisten Leseausgaben des WOYZECK inzwischen zugrunde gelegt, so auch der dieser Darstellung zugrunde gelegten dtv-Ausgabe.

3.2 Das Clarus-Gutachten als Quelle

Wie im DANTON, im LENZ und auch im HESSISCHEN LANDBOTEN bedient sich BÜCHNER im WOYZECK ausführlich vorliegender Quellen. Was ihm im Falle des DANTON Thiers **Histoire**, im LENZ Oberlins Bericht oder die Statistiken im LANDBOTEN waren, sind ihm nun einige Kriminalfälle, die zu seiner Zeit viel diskutiert wurden und darum wohl u. a. auch seine Aufmerksamkeit auf sich lenkten. Es sind dies die Fälle Schmolling, Dieß und Woyzeck. Entsprechend der Entstehungsgeschichte des Dramas scheint für BÜCHNER zunächst ein Mord aus Eifersucht der Anlass zum Drama gewesen zu sein und erst in einem weiteren Schritt arbeitet er sich zu den Motivhintergründen der Tat durch, dabei den Ärzten und Richtern der o. g. Fälle vergleichbar. Es hat ganz den Anschein, als wolle BÜCHNER auf seine Weise und vielleicht sogar als Korrektur sein Gutachten vor allem zu dem Fall Woyzeck schreiben, in einer Weise, wie es dem Dramatiker, der in Bildern denkt, möglich ist und der dem Richter und Arzt aufgrund der ihm eigenen sinnlichen Erkenntnis und der theatralisch-szenischen Unmittelbarkeit überlegen ist oder doch zumindest deren festgelegten Fragehorizont sprengen kann. Schon in der öffentlich geführten Auseinandersetzung **zwischen Gutachtern, Verteidigern und Gerichtsinstanzen ging es um ein Gesamtbild der Delinquenten, um ihre körperliche, geistige und seelische Verfassung, um Lebenswandel, Moralität und Religiosität, um Zurechnungsfähigkeit und Verantwortlichkeit – auf der anderen Seite um die unterschiedlichsten Urteilskriterien und Schlußfolgerungen** (Bornscheuer 1977, 50). Hier setzt auch Büchner an.

Die Fälle Schmolling und Dieß kann man weitgehend vernachlässigen. Im ersten Fall sind es wohl nur die eigentlichen Tatumstände, zu denen es Parallelen im *Woyzeck* gibt (das Mordgeschehen am Abend; Spaziergang vor der Stadt; das Opfer hat wenig Zeit; der Mörder bittet das Opfer sich zu setzen; Umarmung; Andeutung des Sterbens; Hilferufe der Ermordeten; Leute kommen hinzu; Flucht des Mörders – nach ebd., 51). Im Fall Dieß könnte Büchner eine Anregung zu der Konstellation Marie – Kind – Woyzeck gefunden haben. Wirklich interessant und wichtig dürfte lediglich der Fall Woyzeck selbst gewesen sein, auf den Büchner in der *Zeitschrift für Staatsarzneikunde* stoßen konnte, wo 1825 das zweite Clarus-Gutachten wieder abgedruckt wurde. Der Vater Büchners selbst war Mitarbeiter dieses Journals und besaß Interesse an gerichtsmedizinischen Fragen. Möglicherweise hat er seinen Sohn selbst auf den Fall Woyzeck hingewiesen.

Johann Christian Woyzeck, geboren am 3. 1. 1780 in Leipzig als Sohn eines Perückenmachers, ist früh verwaist. Mehrere Versuche eine Handwerkerlehre erfolgreich zu beenden schlagen fehl. Woyzeck arbeitet als Perückenmacher, Diener, Bote, schließlich als Soldat, als er sich zunächst von holländischen, dann schwedischen und mecklenburgischen Truppen anwerben lässt. Er desertiert und kehrt 1818 in seine Vaterstadt Leipzig zurück. Zum Trunke neigend bringt er sich mit Gelegenheitsarbeiten durch. Vergeblich versucht er als Stadtsoldat ein Unterkommen zu finden. Johanna Christiane Woost, die Stieftochter seiner Vermieterin, wird seine Geliebte (mit einem Fräulein Wienberg hat er bereits ein Kind, jedoch kommt es nicht zur Heirat, weil sich die Wienberg einem anderen, bemittelteren Mann als Woyzeck zuwendet). Da die Woostin Woyzeck nicht treu ist – sie treibt sich besonders gern mit Stadtsoldaten herum –, kommt es bald zu Eifersuchtsszenen. 1821 wird Woyzeck, der sich inzwischen auch kleinere Eigentumsdelikte zuschulden hat kommen lassen, zu acht Tagen Arrest verurteilt. Woyzeck findet schließlich auch keine Gelegenheitsarbeiten mehr, lebt von Bettelei und übernachtet im Freien.

Er hat den festen Willen, die Frau zu heiraten und für sie zu sorgen, aber ihm fehlt Arbeit und fester Lohn. In der Stadt lauert er ihr beim Tanzvergnügen mit anderen Männern auf. Als sie das Versprechen einer Zusammenkunft nicht einhält, hört Woyzeck in sich eine Stimme: ›Stich die Woostin tot.‹ Er kauft sich eine abgebrochene Degenklinge, befestigt sie abends in einem Heft und ist doch überzeugt, er werde die Tat nicht ausführen. Durch einen Zufall trifft er am 21. 6. 1821 die Frau auf der Straße und begleitet sie zur Sandgasse. Sein Vorhaben hat er schon vergessen. Aber im Hausflur weist sie ihn ab. Da packt ihn der Mordgedanke mit aller Kraft. In blindem Zorn stößt er zu und fügt ihr tiefe Brustwunden zu. Als die Frau tot vor ihm liegt, will er sich selbst umbringen, läuft dann aber weg und wird ergriffen. Er leugnet nichts und bekennt, sie habe um seinetwillen ihren Tod verdient (Ritscher 1986, 12 f.).

Ein Dr. Bergk wird von einem früheren Zimmerwirt Woyzecks über dessen Wahnvorstellungen in Kenntnis gesetzt. Bergk veranlasst eine Nachricht über den **Gemüthszustand des Inquisiten im Allgemeinen**, die im *Nürnberger Correspondenten* veröffentlicht wird. Daraufhin setzt eine Fülle von Gutachten, Gegengutachten und Verteidigungsschriften ein. Hofrat Dr. Johann Christian August Clarus wird zunächst vom Gericht mit einem **Gutachten über den Gemüthszustand des Inquisiten** beauftragt. Clarus attestiert darin Woyzeck volle Zurechnungsfähigkeit und Verantwortung für seine Tat. Am 11. 10. 1821 wird Woyzeck zum Tode durch das Schwert verurteilt, ein Urteil, das jedoch erst im August 1824 vollstreckt werden sollte; so lange ziehen sich die Verfahren hin. Woyzeck stellt mehrere Gnadengesuche, die jedoch abgelehnt werden. Der Verteidiger Woyzecks beantragt eine nochmalige Untersuchung, nachdem er von dem Gefängnisgeistlichen davon in Kenntnis gesetzt wurde, Woyzeck habe diesem gegenüber von Stimmen und Geistererscheinungen gesprochen. Aus der Bevölkerung kommen Hinweise, man könne Woyzecks geistige Zerrüttung beweisen. So verfasst Clarus Anfang 1823 ein zweites Gutachten aufgrund weiterer fünf Unterredungen zwischen ihm und Woyzeck. Am 4. 10. erkennt der Leipziger ›Schöppenstuhl‹ die Einwendungen der letzten Verteidigungsschrift (die am 7. 1. eingereicht wurden – d. A.) für unzureichend, die ›Zurechnungsfähigkeit des Inquisiten als vollständig erwiesen dargestellt, und die Einholung eines Gutachtens der medizinischen Fakultät unter diesen Umständen für unnöthig‹ (Bornscheuer 1977, 60). Da Clarus selbst um ein solches Gutachten seitens der medizinischen Fakultät bittet, wird diesem Ansinnen letzlich stattgegeben. Das zweite Clarus-Gutachten wird mit dieser Antwort bestätigt, sodass die Urteilsvollstreckung angeordnet und Woyzeck am 27. 8. 1824 auf dem Marktplatz von Leipzig öffentlich hingerichtet wird. 1824 wird das zweite Clarus-Gutachten in Buchform publiziert, 1825 nochmals in der oben genannten *Zeitschrift für Staats-*

arzneikunde, woraufhin der Bamberger Landgerichtsphysikus Dr. Carl Moritz Marc eine Gegenschrift mit dem Titel **War der am 27. August 1824 hingerichtete Mörder Johann Christian Woyzeck zurechnungsfähig?** herausgibt und darin konstatiert, dass unter tausend Gerichtsärzten wohl keiner so eindeutig wie Clarus auf *schuldig* plädiert hätte. Es entspinnt sich ein Gelehrtenstreit zwischen Clarus, Marc und Heinroth. Der Fall Schmolling wird mit in die Diskussion gebracht. Der Streit sollte sich bis in die dreißiger Jahre fortsetzen.

Die Einleitung zum Clarus-Gutachten verrät die ideologische Position, die den Gutachter bei der Erstellung des Gutachtens leitete. Angesichts der bevorstehenden Hinrichtung des Delinquenten schreibt Clarus sich selbst unter die Gruppe der **Gebildeten und Fühlenden** rechnend und so sich von den **stumpfsinnigen Egoisten** und den **entarteten Halbmenschen** absetzend, die lediglich aus niederer Schaulust der Hinrichtung beiwohnen werden:

> Den Gebildeten und Fühlenden ergreift tiefes, banges Mitleid, da er in dem Verbrecher (Woyzeck) noch immer den Menschen, den ehemaligen Mitbürger und Mitgenossen der Wohlthaten einer gemeinschaftlichen Religion, einer seegensvollen und milden Regierung, und so mancher lokalen Vorzüge und Annehmlichkeiten des hiesigen Aufenthalts erblickt, der, durch ein unstätes, wüstes, gedankenloses und unthätiges Leben von einer Stufe der moralischen Verwilderung zur anderen herabgesunken, endlich im finstern Aufruhr roher Leidenschaften, ein Menschenleben zerstörte, und der nun, ausgestoßen von der Gesellschaft, das seine auf dem Blutgerüste durch Menschenhand verlieren soll. (Meier 1980, 85 f.)

Woyzeck gehört – wie einem Helden des Dramas – das Mitgefühl, ja sogar das Mitleiden der fühlenden Menschen, denn er ist wie sie Mensch. Er hat sich jedoch freiwillig aus der bürgerlichen Gesellschaft – und mit Clarus spricht ein Vertreter eben dieser bürgerlichen, ihrem Selbstverständnis nach alle Menschen umfassenden Gesellschaft – ausgeschlossen, indem er **ein Menschenleben zerstörte.** Woyzeck partizipierte zunächst an den Vorzügen dieser Gesellschaft, die sich als christliche, segensvoll regierte Gemeinschaft versteht. Er schloss sich aber selbst aus dieser Gemeinschaft aus, sobald er gegen deren wichtigste, sie geradezu konstituierende Prinzipien verstieß. Er ließ es an Stetigkeit und Beharrlichkeit missen, er führte ein untätiges, nicht dem Leistungsprinzip verpflichtetes Leben. Schließlich entzog er sich dem Primat der Vernunft, die seine Handlungen zu kontrollieren und zu regulieren hat, indem er den **rohen Leidenschaften** erlag. Woyzecks **Schuld** ist es demnach aus der Sicht von Clarus, dass er sich der die Leidenschaften kontrollierenden Vernunft entledigte. So wurden seine Leidenschaften zu zerstörerischen Akten freigesetzt, der zum Funktionieren der bürgerlichen Gesellschaft notwendige Triebverzicht bzw. die nötige Triebregulierung fehlten.

Clarus, eingeengt durch die idealistisch-bürgerliche Perspektive, konnte den Fall Woyzeck gar nicht anders beurteilen als mit den Kriterien eben der bürgerlichen Gesellschaft. Er unterstellte die Existenz eines freien Willens und war aufgrund dieser idealistischen Position gar nicht in der Lage in Frage zu stellen, ob nicht äußere Determinanten Woyzecks **moralische Verwilderung** auslösten, die Woyzeck selbst nicht beeinflussen konnte. Clarus kann und will nicht ein Gesetz und eine Ordnung hinterfragen, nach der jemand sein Leben verwirkt hat, der sich selbst angeblich aus dieser Gesellschaft ausgeschlossen hat. Er spricht von der **unverletzlichen Heiligkeit des Gesetzes**, das **zum Schutze der Throne und der Hütten** (Meier 1980, 86) existiere und von allen zu respektieren sei. So findet er es völlig gerechtfertigt, dass das **Gesetz, zur Ordnung des Ganzen, auch gehandhabt werden müsse, und daß die Gerechtigkeit, die das Schwerdt nicht umsonst trägt, Gottes Dienerin sei** (ebd., 87 f.).

Sein Vorwort endet er mit einem dreifachen, an Lehrer und Prediger, an die heranwachsende Jugend und schließlich an alle sich richtenden Appell:

Mögen Lehrer und Prediger, und alle Diejenigen, welche über Anstalten des öffentlichen Unterrichts wachen, ihres hohen Berufs eingedenk, nie vergessen, daß von ihnen eine bessere Gesittung und eine Zeit ausgehen muß, in der es der Weisheit der Regierungen und Gesetzgeber möglich seyn wird, die Strafen noch mehr zu mildern, als es bereits geschehen ist. – Möge die heranwachsende Jugend bei dem Anblicke des blutenden Verbrechers, oder bei dem Gedanken an ihn, sich tief die Wahrheit einprägen, daß Arbeitsscheu, Spiel, Trunkenheit, ungesetzmäßige Befriedigung der Geschlechtslust, und schlechte Gesellschaft, ungeahnet und allmählich zu Verbrechen und zum Blutgerüste führen können. – Mögen endlich alle, mit dem festen Entschlusse, von dieser schauerlichen Handlung zurückkehren: Besser zu s e y n, damit es besser w e r d e. (ebd., 88)

In dieser Schlusspartie wird nochmals deutlich, wie sehr Clarus von den Prinzipien der bürgerlichen Gesellschaft aus den Proletarier Woyzeck beurteilt. Woyzeck verfehlt sich gegen die Gesellschaft, weil er sich nicht dem Gebot fügt seinen Lebensunterhalt durch Arbeit zu erwerben, dem tragenden Fundament der bürgerlichen Gesellschaft.[1] Sünde wider den Geist der bürgerlichen Gesellschaft sind auch das nicht profitable Spiel, der unmäßige Genuss von Alkohol und das Ausleben der Geschlechtslust.

Clarus als Vertreter der bürgerlichen Gesellschaft benutzt also unbewusst den Fall Woyzeck als Demonstrationsobjekt. An ihm soll sich die Jugend belehren lassen, wohin es mit einem kommt, der sich den tragenden Prinzipien der Gesellschaft verweigert. Aus dem Fall Woyzeck kann eine Lehre gezogen werden und sie ist genauso idealistisch wie Clarus' Position, der davon ausgeht, dass durch eine Besserung der Gesinnung sich auch die Gesellschaft bessere.

Liest man das Vorwort, stellt sich der Eindruck ein, der **Fall Woyzeck** werde von Clarus selbst wie ein Drama inszeniert. Die Besucher der Hinrichtung sollen Mitgefühl und Mitleid empfinden, aber auch belehrt nach Hause gehen. Die Hinrichtungsstätte ist eine andere Bühne, aber auch auf ihr wird ein **Theater zur Besserung** aufgeführt. Wer der Vorstellung beigewohnt hat, möge durch sie **gebessert seyn, damit es besser werde.**

Vielleicht hat BÜCHNER dieses theatralische Moment aus Clarus' Vorrede herausgehört und sich angeregt gefühlt seinen WOYZECK gleichsam als Gegendrama zu schreiben. Der Fall Woyzeck, wie ihn sich die bürgerliche Gesellschaft als Besserungsstück inszenierte, war umzuschreiben, musste neu befragt werden. Die Antworten, die sich Männer vom Schlage Clarus' gaben, waren zu simpel, nicht radikal genug. Sie zu radikalisieren, vielleicht auch die gewohnten Fragen aufzubrechen und ganz andere zu stellen nahm sich BÜCHNER möglicherweise vor, als er begann seinen WOYZECK zu schreiben. Die bekannte Frage aus dem DANTON **Was ist das, was in uns hurt, lügt, stiehlt und mordet?** (100), die auch BÜCHNERS eigene ist, denn er greift sie in einem seiner Briefe wieder auf (288), wird im WOYZECK in aller Radikalität erneut aufgenommen. Darin, dass hier ein solcher Fragehorizont aufgerissen wird, weniger in den Antworten, von denen fraglich ist, ob sie BÜCHNER wirklich in der Formulierung seines Stückes gibt, liegt das eminent Neue seines WOYZECK. Es wäre darum zu kurz gegriffen, wollte man den WOYZECK lediglich als die materialistische Kontrafaktur zum idealistischen Gutachten des Clarus lesen.

3.3 »Woyzeck« als Drama der offenen Bauform
3.3.1 *Autonomie der Einzelszene*

WOYZECK gilt als sogenanntes *offenes Drama*. Volker Klotz, von dem sich das Begriffspaar *geschlossene* und *offene* Bauform des Dramas herleitet, sieht in ihm neben den Dramen von LENZ (*DIE SOLDATEN, DER HOFMEISTER*) sogar fast so etwas wie ein Paradigma für die offene Bauform. Dennoch wird man bei einer entsprechenden Untersuchung Vorsicht walten lassen müssen, denn, was vom WOYZECK vorliegt, ist eben nur Fragment und man darf den durch den vorzeitigen Tod BÜCHNERS bedingten fragmentarischen Charakter des Dramas mit der Nähe der offenen Form zum Fragment nicht gleichsetzen. Allenfalls kann man aus *DANTON* und *LEONCE UND LENA* schließen, dass BÜCHNER auch mit dem WOYZECK, wenn er ihn zu Ende geschrieben hätte, kein tektonisch gebautes Drama vollendet hätte. Dazu sprengt er schon in den vorgelegten Dramenteilen den Rahmen eines kammerspielartigen Eifersuchtsdramas zu sehr. Außerdem wird man sich bei einer Typisierung des WOYZECK als eines offenen Dramas vor Augen halten müssen, dass mit den beiden Bauformen allenfalls Idealtypen gemeint sind, die es in der Realität der Texte so nicht gibt. Geschlossene und offene Bauform veranschaulichen lediglich zwei einander entgegengesetzte Stiltendenzen, die im einzelnen Drama selten bzw. gar nicht rein und ausschließlich realisiert sind. Das gilt auch für den WOYZECK.

Die erste Auffälligkeit beim WOYZECK ist, dass ihm eine Gliederung in Akte und Szenen fehlt. Soweit wir die Entstehung des WOYZECK kennen, dürfen wir davon ausgehen, dass BÜCHNER sein Drama von unten her, d. h. von der Einzelszene her, aufbaute. Die Stückkomposition erfolgte also nicht vom Ganzen her, von einer hierarchischen Gliederung der Teile, sondern vom Einzelteil. Die Szene ist das primäre Bauelement, nicht mehr etwa der einzelne Akt. Damit hängt zusammen, dass das dramatische Geschehen unmittelbar einsetzt. Es gibt im WOYZECK keine Szenen, denen man eindeutig expositorische Funktion zuschreiben könnte und ebenso bricht auch das Drama unmittelbar ab.[2] Was für das ganze Stück gilt, betrifft auch die einzelnen Bilder oder Szenen. Sie beginnen oft mit einem nicht weiter vermittelten Satz (z. B. **Das Pistolche ist zu teuer.**, 249) oder in einem Vorgang und enden ebenso häufig mit Vorgangs- oder Satzabbrüchen. Durch diese Rissränder, die den Ausschnittcharakter des Dargestellten betonen, sowie durch räumliche und zeitliche Intervalle von den Nachbarszenen getrennt, gewinnt die einzelne Szene weitgehende Autonomie. Eine klare Gliederung und Zäsurierung der Handlung fehlt demnach. Ebenfalls mangelt es dem Drama an einer eindeutigen Haupthandlung, die einsträngig ist und der die Nebenhandlungen eindeutig untergeordnet sind. Die Handlung ist nicht kontinuierlich und linear durchgeführt. Sie entbehrt der durchgehenden kausalen Verknüpfung der einzelnen Handlungsschritte. Wäre eine solche Verknüpfung gegeben, würde sich das Problem der Einordnung mancher Szenen und ihrer Abfolge leichter lösen lassen. Die fehlende enge Verzahnung des dramatischen Vorgangs und der einzelnen Szenen und das daraus resultierende Prinzip einer Personenkette lösen die Einheit und Ganzheit der Handlung auf, lassen die einzelnen Szenen zum eher autonomen, das Ganze immer schon mitenthaltenden Teil werden. Ohne eine zielbezogene Handlungslinie kreist die einzelne Szene eher um einen imaginären Mittelpunkt. Das bedeutet, dass Szenen gegen andere austauschbar bzw. verschiebbar werden. So entstehen beispielsweise die

Probleme um die Position der Szenen **Freies Feld**. **Die Stadt in der Ferne**, **Der Hof des Doktors** und **Der Idiot. Das Kind. Woyzeck.**

Da eine kontinuierliche, in sich kausal verknüpfte Szenenfolge weitgehend fehlt, ist auch die Einheit der Zeit nicht vorhanden. Sicherlich erstreckt sich die gespielte Zeit im WOYZECK nicht über eine weite Spanne. Wenn Klotz für die Behandlung der Zeit im Drama der offenen Bauform konstatiert, die **entfesselte dramatische Zeit verfüge über ein weites Expansionsfeld, sie werde als Eigenmacht entbunden und wirke aktiv am Geschehen mit** (Klotz 1972, 220), so trifft diese Beobachtung wohl nicht auf BÜCHNERS Drama zu. Die Zeit hat hier keine eigene Macht, sie spielt allenfalls für den Hauptmann eine wichtige Rolle. Aber trotz der fehlenden größeren Spanne dargestellter Zeit stellt sich nicht der Eindruck eines kontinuierlichen Zeitflusses wie im geschlossenen Drama ein. Die einzelnen Szenen sind eher aufleuchtende Augenblicke, die jedoch, weil die Zeitabstände zwischen den einzelnen Szenen zumeist nicht erschließbar sind und nicht thematisiert werden, kein überschaubares Zeitganzes ergeben. So verstärkt sich der Eindruck, dass im WOYZECK ein Ganzes in Ausschnitten gegeben wird. **Die äußere Handlung drängt über die Grenzen, die durch Anfang und Ende des Dramas gegeben sind, hinweg. Das Geschehen setzt unvermittelt ein, und es bricht unvermittelt ab. Innerhalb dieser Scheingrenzen verläuft es nicht kontinuierlich schlüssig, sondern punktuell interruptiv, nicht einer Entwicklung folgend, sondern Gleichwertiges reihend** (ebd., 219). Die Szene wird somit zur reinen Gegenwart.

Der Mangel an Einheit der Zeit bedingt auch den Mangel an Einheit des Raumes oder umgekehrt. Aber was von der Zeitbehandlung im WOYZECK nicht gesagt werden konnte, dass Zeit nämlich zum aktiven Part werde, gilt für den Raum. Er ist Mitspieler, ja sogar häufig Gegenspieler. Die Szenen im WOYZECK spielen nicht an einem einzigen neutralen Ort, wie ihn das klassische, geschlossene Drama kennt, vielmehr wechseln die einzelnen Szenen zwischen engen und weiten Räumen, wobei die Räume, im Nebentext benannt oder im Sprechen der auftretenden Personen evoziert, immer eine eigene Atmosphäre gewinnen. Diese kann das Unheimliche der Natur sein (s. **Freies Feld**) oder die keine Geborgenheit schenkende Kammer, die Maries Ausgeschlossenheit von der Gesellschaft zeigt, obwohl sie sich doch nichts mehr als gesellschaftliche Aufmerksamkeit wünscht. Räume seelischer Intimität wechseln mit Räumen der Öffentlichkeit. Woyzeck besucht mit Marie den öffentlichen Platz (**Öffentlicher Platz. Buden. Lichter**). Er bewegt sich hier unter dem Volk, versucht mit der Geliebten das einfache Glück zu teilen. Wie er sich hier unter die Leute begibt, taucht er später im

Wirtshaus auf, aber da ist er allein unter den Leuten, steht am Fenster, jenem bezeichnenden Ort, wo sich Drinnen und Draußen verbinden, und beobachtet das tanzende Paar Tambourmajor und Marie. Auch Marie hatte bereits eine solche Raumposition eingenommen, als sie zu Anfang (**Die Stadt**) vom Fenster aus den vorbeiziehenden Zapfenstreich beobachtet. Wenn die Großmutter **Vor der Haustür** ihr Märchen erzählt, bekommt der Ort besonderen Zeichenwert, denn er unterstreicht nochmals die im Märchen thematisierte Unbehaustheit des Menschen.

Andere Szenen beziehen sich räumlich aufeinander und gewinnen durch diese Verweisung eine tiefere Bedeutung. So etwa die Szene im Innern der Bude, die mit der Szene im Hof des Doktors insofern korrespondiert, als in beiden Objekte – einmal die Tiere, einmal das Versuchsobjekt Woyzeck – ausgestellt und dem Begaffen freigegeben werden. Für die Raumgestaltung treffen demnach voll und ganz die von Klotz gemachten Beobachtungen zu:

> Fast jede Szene hat eigenen Raum und eigenen zeitlichen Aggregatzustand. Die Mannigfaltigkeit des Raumganzen Welt wird wiederum annähernd, mithin in Ausschnitten, offen und ungesättigt beschworen. Spezifizierend und charakterisierend, oft recht eigentlich handlungskonstituierend lösen sich Raum und Zeit aus ihrem untergeordneten Rahmendasein im geschlossenen Drama und werden aktiv. Die Natur […] und ebenso die Dinge nehmen Einfluß auf den Menschen. Ihn, der aus dem ideellen und gesellschaftlichen Einheitsbereich des geschlossenen Dramas herausgelöst ist, schließen sie in ihre Wirkungszone ein. (ebd., 220)

Der Raum wird somit zum zusätzlichen Bedeutungsträger, indem er Atmosphäre schafft (s. die vielen Abendszenen im *Woyzeck*), charakterisiert und die Personen in den Wechsel von Enge und Weite stellt und sie mit Dingen, den Requisiten (s. Maries Spiegel, Woyzecks Messer usw.), konfrontiert, die ebenfalls ihr bedeutungsvolles Eigenleben entwickeln und dadurch wie der Raum zum Mitspieler werden.

Der Vielfalt der Räume entspricht im *Woyzeck* die Mannigfaltigkeit der Personen. Ein Blick ins Personenverzeichnis belehrt bereits darüber, dass Büchner in Relation zur Kürze des Dramentextes eine Fülle von Personen auf die Bühne treten lässt: Soldaten, Studenten, Handwerksburschen, Mädchen, Kinder, ein Marktschreier, ein zum Leierkasten spielender alter Mann, ein Wirt, ein jüdischer Händler, ein Ausrufer, sie alle betreten den Spielraum. Ihnen ist gemeinsam, dass sie keine Individualnamen tragen, sie bleiben ohne eigene Biografie, ohne Vorgeschichte. Ihr Auftritt beschränkt sich meist auf ein einmaliges Erscheinen auf der Bühne. Was mit ihnen dann geschieht, darüber gibt der Text keinerlei Antwort. Dies betrifft auch jene Personen, die mehr als einmal auftreten, wie Andres oder der Tambourmajor. Auch sie bleiben Personenfragmente. Die karikierenden Züge bei der Personengestaltung des Doktors und des Hauptmanns lassen auch diese beiden Figuren zu flächigen, geschichtslosen und eindimensionalen Gestalten erstarren.

Alle Nebenfiguren haben den Zweck die Hauptfigur Woyzeck in den Mittelpunkt eines Kreises, den sie bilden, zu stellen. Es kommt BÜCHNER also weniger darauf an, eine Figurenkonstellation wie im geschlossenen Drama zu schaffen, wo ein Held einem direkten Gegenspieler entgegengesetzt wird. Ein solcher direkter Gegenspieler fehlt hier. Ihn im Tambourmajor zu sehen wäre zu kurz gegriffen. BÜCHNER liegt mehr daran, durch die Fülle der Personen ein gesellschaftliches System aufzubauen.

> Die verschiedenen Personen, aus deren Konfrontation mit Woyzeck die diversen Szenen hervorgehen, sind nach gesellschaftstheoretischen Gesichtspunkten entworfen, wodurch es Büchner vermeidet, bloß allgemeine und ewigmenschliche Interaktionsgruppen herzustellen. Die soziologische Strukturierung des Dramenpersonals ermöglicht Büchner die Wiedergabe von gesellschaftlicher Totalität: die Personen repräsentieren die wesentlichen sozialen Phänomene – ihr Ensemble baut den sozialen Raum auf (Meier 1980, 63).

3.3.2 Metaphorische Verklammerung und Wortgewebe

Es ist in dieser Arbeit mehrfach auf die Tendenz zur Autonomie der Einzelszene im WOYZECK hingewiesen worden, jedoch findet sich gegenläufig dazu ein Formungsprinzip in diesem Drama, durch das die einzelnen Szenen dennoch miteinander verbunden werden. WOYZECK bildet nicht jenen Extremfall des offenen Dramas, in dem gleich **mehrere Handlungsstränge gleichberechtigt nebeneinander herlaufen, die auch in sich mehr oder minder stark der Kontinuität entbehren** (Klotz 1972, 115). Man kann auch nicht sagen, dass – wie im Stationendrama – die Handlung aus einer Abfolge von völlig selbstständigen, räumlich und zeitlich voneinander isolierten Einzelbegebenheiten besteht. Eine gewisse Kontinuität und Verklammerung der Einzelszenen erfolgt dadurch, dass die Gestalt Woyzecks in beinahe jeder Szene im Mittelpunkt oder zumindest an der Peripherie steht. Legt man 27 Szenen zugrunde, so tritt Woyzeck in 22 Szenen auf. Woyzeck, die Titelgestalt, nimmt also die von Klotz so benannte Funktion des zentralen Ich ein:

> Eine bestimmte dramatische Person steht im Vordergrund, besser im Mittelpunkt. Sie hält zusammen die Fülle der dispergierenden Szenen und der darin zur Anschauung kommenden Welt, die zu den dramatischen Personen in einem kämpferischen Subjekt-Objektverhältnis steht. […] Wo das Strukturprinzip des zentralen Ich durchgeführt ist, steht der Protagonist, gleichsam als Mon-agonist, einsam in der Mitte der Gegenwelt, die von allen Seiten auf ihn einstürmt. (ebd., 107 f.)

Eine Verknüpfung der Einzelszenen erreicht BÜCHNER im WOYZECK auch durch jenes Prinzip der metaphorischen Verklammerung, demzufolge sich durch das ganze Stück Wörter und Sprachbilder gleichsam leitmotivisch hindurchziehen und damit ein enges latentes Bezugssystem schaffen. Auf dieses Wortgewebe ist die BÜCHNER-Forschung schon mehrfach aufmerksam geworden. Die kunstvolle Verknüpfung zeigt, wie missverstanden die Sprache im WOYZECK wäre, würde sie lediglich als naturalistische Imitation der Volkssprache oder schichtenspezifischer Sprache begriffen. Zwar ist sie das auch, aber zugleich ist sie unauffällig – und das macht ihre besondere Qualität aus – Kunstsprache, artifizielles sprachliches Konstrukt, das durch die Wiederholung und unterschiedliche Kontextuierung einzelner Wörter Motivkomplexe aufbaut und damit die Einzelszenen verklammert.

Solche wiederholten und leicht variierten Wortmotive und Bildketten sind im Einzelnen:

Abwärtsbewegung

Szene 1: **Woyzeck stampft auf den Boden: hohl, hörst du? Alles hohl da unten.** (235)

Szene 3: **Unteroffizier: Wie sie den Kopf trägt, man meint das schwarz Haar müßt sie abwärts ziehn, wie ein Gewicht, und Auge, schwarz […] Tambourmajor: Als ob man in ein Ziehbrunn oder zu eim Schornstein hinabguckt.** (237 f.)

Szene 24: **Woyzeck an einem Teich: So da hinunter. Er wirft das Messer hinein.** (254)[3]

Rot

Szene 4: **Marie: und doch hab' ich einen so roten Mund als die großen Madamen mit ihren Spiegeln.** (239)

Szene 7: **Woyzeck: Du hast ein rote Mund, Marie.** (242)

Szene 17: **Woyzeck: Herr wie dein Leib war rot und wund.** (250)

Szene 19: **(Im Lied des Mädchens) Sie hatte rote Sock.** (251)

Szene 20: **Marie: Was der Mond rot aufgeht.** (253)

Szene 22: **Käthe: Rot, Blut!** (254)

Szene 23: **Woyzeck: Was hast du eine rote Schnur um den Hals?** (207)

Szene 25: **Erstes Kind: Links über die Lochschanz in dem Wäldche, am roten Kreuz.** (255)

Mit dem Motiv *Rot* verbindet sich assoziativ das Motiv *Blut.*
Dazu einige Stellen:

Szene 5: **Woyzeck: Man hat auch sein Fleisch und Blut.** (240)

Szene 14: **Andres: Er blut.** (249)
Szene 20: **Marie: Was der Mond rot auf geht. Woyzeck: Wie ein blutig Eisen.** (wiederholt in Szene 24) (253, 254 f.)
Szene 22: **Woyzeck: Ich möchte mich nicht blutig machen. […] Käthe: Rot, Blut! Es stellen sich Leute um sie. Woyzeck: Blut? Blut. Wirt: Uu Blut.** (254)

Mit *Rot* und *Blut* verbindet sich, wie sich bereits in der Formulierung **rotes Eisen** zeigte, das Leitmotiv des Messers, damit wiederum das mehrfach benutzte *Stechen/Stich*:

Szene 4: **Marie: Ich könnt' mich erstechen.** (239) (Ein Messer ist in der Rasierszene als Requisit bereits vorhanden; Szene 5).
Szene 9: **Hauptmann: Bleib Er doch Woyzeck, Er läuft ja wie ein offnes Rasiermesser durch die Welt, man schneidt sich an Ihm.** (244)
Szene 9: **Hauptmann: Er ersticht mich mit seinen Augen.** (245)
Szene 12: **Woyzeck: Stich, stich die Zickwolfin tot […] Hör ich's immer, immer zu, stich tot, tot.** (248)
Szene 13: **Woyzeck: Es redt immer: stich! stich! und zieht mir zwischen den Augen wie ein Messer.** (248)
Szene 15: **Woyzeck: Was kost das Messer?** (249)
Szene 16: **Marie: Das Kind gibt mir einen Stich in's Herz.** (249)
Szene 20: **Woyzeck: Wie ein blutig Eisen. […] Woyzeck zieht das Messer.** (253)
Szene 23: **Woyzeck: Das Messer? Wo ist das Messer?** (254)
Szene 24: **Woyzeck wirft das Messer hinein.** (254)

In einer früheren Fassung hatte es außerdem noch geheißen: **Louisel: Ich hätt lieber ein Messer in de Leib, als dei Hand auf meine.** (217) – Ebenfalls ausführlicher das Motiv des Messers aufgreifend hatte es in der ersten Fassung geheißen: **Louis: Ich hab kei Ruh, ich hör's immer, wie's geigt und springt, immer zu! immer zu! Und dann wann ich die Augen zumach, da blitzt es mir immer, es ist ei groß Messer und das liegt auf eim Tisch am Fenster und ist in einer eng dunkel Gaß und ein alter Mann sitzt dahinter. Und das Messer ist mir immer zwischen den Augen.** (201)

Die Wortopposition *heiß/kalt* wiederholt sich auffällig oft:
Szene 9: **Woyzeck: Herr Hauptmann, die Erd ist höllenheiß, mir eiskalt! eiskalt, die Hölle ist kalt.** (245)
Szene 10: **Woyzeck: Ich muß hinaus, s' ist so heiß da hie.** (246)

Szene 11: **Woyzeck: Das Weib ist heiß, heiß.** (247)
Szene 16: **Marie: Es wird heiß hier. Sie macht das Fenster auf.** (249)
Szene 20: **Woyzeck: Friert's dich Marie' und doch bist zu warm. Was du heiße Lippen hast!** (heiß, heiß Hurenatem und doch möcht' ich den Himmel geben sie noch einmal zu küssen) **und wenn man kalt ist so friert man nicht mehr. Du wirst vom Morgentau nicht frieren.** (252 f.)
Szene 22: **Woyzeck: So Käthe! setz dich! Ich hab heiß, heiß […] Käthe du bist heiß! warum denn? Käthe du wirst auch noch kalt werden.** (253 f.)[4]

Das Gegensatzpaar *heiß/kalt* wiederholt sich nochmals in dem Wortpaar *Sonne/Mond*. Vom Mond als **blutigem Eisen** ist schon mehrfach die Rede gewesen. Im Märchen der Großmutter erweist sich der Mond als ein **Stück faul Holz**, die Sonne als eine **verwelkt Sonneblum** (252). Vorher hatte Woyzeck zum Arzt **vertraulich** gesagt: **Wenn die Sonn in Mittag steht und es ist als ging die Welt in Feuer auf hat schon eine fürchterliche Stimme zu mir geredt!** (Szene 8, 243). Andres spricht vom **Sonntagsonnwetter**, das die Leute zum Tanzen ziehe (Szene 10, 246). Marie formuliert in Szene 7: **Man kann viel sehn, wenn man zwei Augen hat und man nicht blind ist und die Sonn scheint.** (242) Woyzeck, die tanzende Marie beobachtend, fragt sich: **Warum bläst Gott nicht die Sonn aus, daß Alles in Unzucht sich übernanderwälzt.** (Szene 11, 247) Schließlich äußert er gegenüber Andres in Szene 17: **Mei Mutter fühlt nur noch, wenn ihr die Sonn auf die Händ scheint.** (250) Auch in einem Lied ist von der Sonne die Rede: **Mädchen: Wie scheint die Sonn St. Lichtmeßtag.** (Szene 19, 251)

Beobachtungen zum *Wortgewebe* im WOYZECK, wie sie in den vorangegangenen Abschnitten getroffen wurden, könnten in dieser Ausführlichkeit noch fortgesetzt werden. Es soll jedoch damit zunächst sein Bewenden haben. Franz Mautner ist zuzustimmen, wenn er in seinem Aufsatz WORTGEWEBE, SINNGEFÜGE UND IDEE IN BÜCHNERS ›WOYZECK‹ sagt:

> Obwohl die einzelnen Szenen in ihrer wahrhaft bunten Vielfalt so eigenständig erscheinen, bildhaft oder statuarisch, und handlungsmäßig meist unverbunden, so erleben wir sie doch als Glieder eines dramatischen, tragischen Ganzen. Es ist nicht nur die Einheit der Handlung, was sie zusammenhält, und auch nicht bloß die Identität des leidenden Helden. […] Die Einheit zwingt sich in den beharrlich wiederkehrenden, ans Wort gebundenen emotionalen und gedanklichen Motiven auf. (zit. n. Martens, 545)

Das sei mithilfe der oben angeführten Beispiele nochmals verdeutlicht. **Rot** ist die beherrschende Farbe. Sie deutet auf Sinnlichkeit (rote Lippen), aber auch gleichzeitig auf Blut hin. Sie geht eine enge Symbiose mit dem Vorstellungskomplex Messer, das den Tod bringt, ein. Das Wort **Messer** wiederum verbindet sich mit dem häufig gebrauchten Wort **stich**. Im Vergleich erscheint der Mond dann als blutiges Eisen (= Messer). Er wiederum verweist auf Kälte, die der warmen Sonne gegenüber steht. Damit verknüpft sich die Wortopposition **heiß/kalt**, wobei **heiß** zum einen wieder den Bereich der Sinnlichkeit meinen, zum andern aber auch etwas Bedrängendes signalisieren kann, wenn Marie z. B. das Fenster öffnet, weil es ihr zu **heiß** geworden ist.

Eine zusätzliche Funktionsweise solcher Wortketten sei noch an einem weiteren Beispiel erläutert: Das **immer zu** in Szene 11, das dann gedoppelt wird zu **immer zu, immer zu** wird noch innerhalb der Szene abgewandelt in ein **dreht euch, wälzt euch**. In der nächsten Szene (12) wird es wieder aufgegriffen, geht dann in das gedoppelte **stich, stich** über, wird variiert zu **Hör ich's immer, immer** und klingt schließlich als **stich tot, tot, tot** am Ende der Szene aus. Es taucht wieder in der 20. Szene auf. Bei der Tötung Maries wandelt sich das **immer zu** in ein **immer noch** ab: **Ha sie zuckt noch, noch nicht, noch nicht? Immer noch? Stößt zu. Bist du tot? Tot! Tot!** (253) Solche sprachlichen Wiederholungsfiguren schaffen einen die einzelne Szene bestimmenden Rhythmus. Und ist man einmal auf die Doppelung als sprachliche Formulierungsweise aufmerksam gemacht worden, findet man sie auch an anderen Stellen wieder, etwa: **mir (ist) eiskalt! eiskalt** (Szene 9, 245) oder **Das Weib ist heiß, heiß** (Szene 11, 247) oder **Ich hab heiß, heiß** (Szene 22, 253). Die Doppelung von Wörtern oder Aussagen schafft eine gewisse Hektik, lässt an sprachliche Kreisfiguren denken (**Still. Alles still**, 235) Diese assoziieren sich wiederum mit tanzenden Kreisbewegungen, wie sie das gestische Spiel des Dramas zum Teil beherrschen. In der Szene **Buden. Lichter. Volk** tanzt das Kind zum Leierkasten (auch hier stellt sich als Assoziation die Kreisbewegung ein). Der Hauptmann spricht vom kreisenden **Mühlrad** (Szene 5, 240), bei dessen Anblick er melancholisch werde. Die Szenen 10, 11, 12, 13 und 22 sind vom Tanz im Gespräch oder stummen Spiel beherrscht. Wenn Tanz und Kreisbewegung so eindeutig vorherrschen, korrespondiert damit die oben beobachtete mangelnde Ausrichtung des Dramas auf den Ausgang. Ihm fehlt die Dimension der Zukunft, alles kreist in der Gegenwart, jede Szene für sich bildet einen Augenblick der Gegenwart, der sich nicht primär als Glied einer final ausgerichteten Handlungsreihe verstehen lässt. So verweist die Sprache wie die Konstruktionsform des Stückes auf ein Thema des Dramas, das ganz zentral steht: den Tod als Ende eines in sich rückläufigen Lebens, als sinnloses Lebensende. Bereits in der ersten Szene äußert Woyzeck: **Still, Alles still, als wär die Welt tot** (235). Und dieses Thema zieht sich wie ein roter Faden durch alle Bilder. Schon zuvor hatte Woyzeck gleich in seiner ersten Äußerung davon gesprochen, dass, wer den über das Gras hinrollenden Kopf einmal aufgehoben hatte, nach **drei Tag und drei Nächt (tot) auf den Hobelspänen** (235) gelegen hätte. Im Gesang zum Leierkasten heißt eine Zeile **Wir müssen alle sterben** (Szene 3, 237). Der Hauptmann beschwört den Doktor nicht so schnell zu gehen: **Sie hetzen sich ja hinter dem Tod drein** (Szene 9, 244). Einige Zeit später sagt er: **Herr Doktor erschrecken Sie mich nicht, es sind schon Leute am Schreck gestorben, am bloßen hellen Schreck** (244). Und wie er den Doktor mahnt, regt er sich auch über Woyzecks Gehetztheit auf: **Er läuft als hätt Er ein Regiment Kosack zu rasiern und würd gehenkt über dem letzten Haar nach einer Viertelstunde** (244 f.). In der übernächsten Szene (11) redet der Handwerksbursch großspurig davon, dass er **alle Flöh am Leib tot schlagen** (247) wolle. In seiner Predigt ist die Rede vom Soldaten, der davon lebt, dass er mit dem Bedürfnis ausgerüstet sei **sich totzuschlagen** (248). Im Umkreis des Messerkaufs und des Mords an Marie verdichten sich nochmals die Anspielungen auf den Tod oder das Reden über den Tod (s. Szene 12, 15. **Er soll nen ökonomischen Tod habe,** so der Jud zu Woyzeck, 249). Marie trifft die gleiche Feststellung wie Woyzeck zu Beginn des Dramas: **Alles tot!**, nur meint sie, indem sie sich zuvor auf die Brust geschlagen hat, damit ihr Inneres, während Woyzeck seine Aussage auf die Welt bezog (Szene 16, 250). In der Kasernenszene (17) greift Woyzeck nochmals auf seine Todesvorstellung in der ersten Szene zurück, wenn er wieder sagt: **Ja, Andres, wann der Schreiner die Hobelspän sammlet, es weiß niemand, wer sein Kopf drauf lege wird** (250). Woyzecks Erfahrung, dass alles tot sei bzw. der Tod **euch doch einmal holt Alle** (Szene 22, 253), spitzt sich im Märchen der Großmutter zu der immer wiederholten, variierten Aussage **Alles tot** (252) zu.

3.3.3 Sprachstil und Dialogführung

Beobachtungen, die sich im WOYZECK bezüglich der Makrostruktur machen ließen, können auch auf die Mikrostruktur angewandt werden. Was sich für die Konstruktion des gesamten Dramas nachweisen lässt, dass es nämlich von Diskontinuität und Disparatheit der Teile geprägt sei und sich von der Einzelszene her aufbaue, gilt auch für den einzelnen Dialog, der sich ebenfalls vom Wort her aufbaut und dieselbe, z. B. thematische Diskontinuität zeigt. Dem WOYZECK fehlt gänzlich das für das geschlossene Drama etwa typische Rededuell oder das wohlgefügte hypotaktische

Redegebäude. Die einheitliche Sprache der Personen ist durchbrochen, ihre Rede folgt nicht dem Baugesetz folgernder Argumentation. Im Gegenteil, hier herrschen die Pluralität der Sprachbereiche, eine sprunghaft-assoziative Gedankenentwicklung. Bis in die Satzkonstruktion und Satzfolge lässt sich diese Gesetzmäßigkeit als charakteristischer Zug verfolgen (s. die Hervorhebung von Wörtern oder Wortgruppen, denen durch Abkehr von der üblichen Satzstellung die Anfangsposition im Satz eingeräumt wird: **Das Messer, das Messer, hab ich's,** 254). Das Verhältnis der Satzglieder wie auch der Sätze untereinander ist überwiegend parataktisch, wie die Anordnung der Szenen. Syndetische oder asyndetische Reihung sowie Anakoluth, Ellipse und Satzabbruch, die charakteristischen Merkmale spontanen, augenblickshaften und -gebundenen Sprechens, kennzeichnen die Gesprächsführung des WOYZECK.

BÜCHNERS Drama fehlt es an bewegter-bewegender Rede. Die Gespräche zeitigen im eigentlichen Sinne keine Erfolge, führen nicht zu Handlungsschritten. Es gibt darum auch im WOYZECK nicht den klassischen Dialog, in dem Standpunkte abgewogen, Entscheidungen getroffen oder andere Handlungsakte eingeleitet werden. Was sich als Dialog gibt, ist bei genauerem Hinsehen eher Monolog, Aneinandervorbeireden. Es gibt explizite Monologszenen (z. B. 12, 23, 24). Dazuzurechnen sind aber auch viele der Szenen, in denen Woyzeck mit Andres spricht (1, 10, 13, 17), ebenso größere Monologpartien, die einen beachtlichen Teil einer Szene ausfüllen, z. B. Maries Monolog in der Kammer, bevor Woyzeck den Raum betritt (Szene 4). Gleiches gilt für Szene 16 (Marie. Der Narr) oder den Beginn der Szene 5, wo der Hauptmann penetrant auf Woyzeck einredet. Außerdem fallen aus den einzelnen Szenen herauslösbare Teile auf, wie etwa die Reden des Ausrufers bzw. Marktschreiers in **Buden. Lichter. Volk** oder die Predigt des Handwerksburschen (11), das Märchen der Großmutter oder die Vorlesung des Doktors am Dachfenster (18). Singuläre, herauslösbare Teile sind auch die vielen Liedeinlagen, auf deren Bedeutung später noch einzugehen ist. Solche segmentierbaren Redepassagen zeigen, wie sehr Rede im WOYZECK aus Einzelteilen montiert ist.

Dort, wo es ansatzweise im WOYZECK zum Dialog kommt, gilt Krapps treffende Bemerkung:

> Die dramatischen Figuren können sich aus diesem monologisch strukturierten Sprachmaterial nicht lösen. Ihr Gespräch bleibt ein ständiges Bemühen um Dialog, wenn nicht gar völliger Verzicht darauf. Wo entgegensetzte Positionen spurweise aufgebaut sind, erscheint der eine Rollenpart sogleich verkürzt und die Führung allein dem anderen übertragen, so daß auch hier nur kurze Takte, Interjektionen, die Rede unterbrechen (Krapp, 102).

Dies sei an einem Beispiel verdeutlicht:

MARIE: Wer da? Bist du's Franz? Komm herein!
WOYZECK: Kann nit. Muß zum Verles.
MARIE: Was hast du Franz?
WOYZECK geheimnisvoll: Marie, es war wieder was, viel, steht nicht geschrieben: und sieh da ging ein Rauch vom Land, wie der Rauch vom Ofen?
MARIE: Mann!
WOYZECK: Es ist hinter mir gegangen bis vor die Stadt. Was soll das werden?
MARIE: Franz!
WOYZECK: Ich muß fort. Er geht. (Szene 2, 236)

Diese Szene endet dann mit einem Kurzmonolog Maries, nachdem sie in dem vorangegangenen Kurzdialog mit Woyzeck nur ihre Fassungslosigkeit und Angst in interpolierten Interjektionen aussprechen konnte.

Interessant ist dieser Dialog auch in einer weiteren Hinsicht. Vergleicht man die zitierte Fassung mit vorangegangenen, so lässt sich eine Bearbeitungstendenz BÜCHNERS beobachten, die symptomatisch für die Dialogbehandlung zu sein scheint. Die erste Fassung dieser Szene sei hier angeführt:

LOUISE: Bist du's Franz? Komm herein.
WOYZECK: Ich kann nit. Muß zum Verles.
LOUISE: Hast du Stecken geschnitten für den Major?
WOYZECK: Ja Louisel.
LOUISE: Was hast du Franz, du siehst so verstört?
WOYZECK: Pst! still! Ich hab's aus! Die Freimaurer! Es war ein fürchterliches Getöse am Himmel und Alles in Glut! Ich bin viel auf der Spur! sehr viel!
LOUISE: Mann!
WOYZECK: Meinst? Sieh um dich! Alles starr, fest, finster, was regt sich dahinter. Etwas, was wir nicht fasse. Geht still, was uns von Sinnen bringt, aber ich hab's aus. Ich muß fort!
LOUISE: Dei Kind?
WOYZECK: Ach, Junge! Heut Abend auf die Meß. Ich hab wieder was gespart. Ab. (210 f.)

Der Unterschied ist deutlich. In der zweiten Fassung arbeitet BÜCHNER mit äußerster Verknappung. Während die erste Fassung noch erläutert, warum und für wen Woyzeck die Stecken geschnitten hat, außerdem eine szenische Verknüpfung zur Jahrmarktszene herstellt (**auf die Meß**) und Woyzeck von sich selbst sagen lässt, dass er das Unheimliche, das ihm begegnet sei, nicht fassen könne, drückt die spätere Fassung eben diese Fassungslosigkeit Woyzecks selbst unmittelbarer aus und konfrontiert den Leser/Hörer mit Unbestimmtheiten des Textes, die man nur ausfüllen kann, wenn man sich mitleidend in die leidenden

Figuren versetzt. Die Tendenz zur immer weiteren Verknappung ist auch an anderen Stellen bemerkbar. So hatte Marie in einer früheren Fassung nach dem Weggang Woyzecks dessen Verhalten mit den Worten kommentiert: **Der Mann schnappt noch über, er hat mir Angst gemacht.** (211) Später heißt diese Stelle: **Der Mann! So vergeistert. Er hat sein Kind nicht angesehn. Er schnappt noch über mit den Gedanken.** (236) Zunächst war eine kleine nachvollziehbare Gedankenreihe formuliert, der im Folgenden des Monologs noch die Erklärung dafür folgte, warum es Louise selbst plötzlich unheimlich geworden ist (**er steckt ein an,** 211). In der Reinschrift verzichtet BÜCHNER auf diese Erklärung und formuliert den ersten Teil des Monologs in vier scharf voneinander zäsurierten Wortblöcken, die in keine logische Kontinuität mehr gebracht werden können. Die Tendenz ist also ein noch unmittelbareres, eruptiveres Sprechen, das immer mehr aus der Interjektion lebt, in dem nicht mehr die Welt begriffen und damit beherrschbar gemacht bzw. kommentiert wird, sondern diffus durch die verwirrte Psyche angeeignet und ausgedrückt wird.

Sprechen dient im *WOYZECK* nicht primär der Kommunikation und der Überwindung der Isolation. Im Gegenteil, in der Art und Weise, wie hier gesprochen wird, zeigt sich gerade besonders deutlich die Isolation der Figuren. In der auf Verknappung ausgehenden Sprache (Verkürzung der Sätze, Zerschlagung der Syntax, Ausfall logischer Fügungen, Bevorzugung der Interjektion) offenbart sich außerdem die Gehetztheit der Figuren, ihre fehlende Distanz zu sich selbst und zur Welt.

> Indem die Sprache von einem Wort zu seiner Wiederholung und zum nächsten Wort und seiner Reprise springt, Wörter wie Dinge gebrauchend, die man aufbauen kann, prägt sie […] jene hemmungslose Dynamik aus, die Woyzecks Getriebenheit ist. Der Text verliert den Sprachcharakter. Er wird – Interjektion des Schmerzes, der Verzweiflung oder des Entzückens – zum Gestammel. […] Woyzeck redet konfus. Sein Schicksal verschlägt ihm die Sprache. Der Sinn der Welt verdunkelt sich […]. Die Sprache ändert ihre Ausdruckskategorie; sie wird Expression. Denn Woyzecks psychische Verfassung wird kein Gegenstand der Rede, sondern von der Sprache unmittelbar als Konfusion produziert. (Krapp 1958, 82)

Das Reden im *WOYZECK* ist immer zugleich auch ein Schweigen. Keine der Gestalten ist wirklich redemächtig. Dort, wo redegewaltige Figuren auftreten, etwa im Doktor oder Hauptmann, entlarvt sich schnell ihre Rede als Gerede, als ideologische Infiltration, Herrschaftsausübung durch Sprache, die sich selbst diskriminiert. Der Geschwätzigkeit dieser Personen steht die Wahrhaftigkeit des Nicht-mehr-Sprechen-Könnens eines Woyzeck gegenüber. **Mithin tritt zum gesprochenen Dialog (und Monolog) ein zweites Aussagemedium hinzu: die stumme Demonstra-**

tion. (ebd., 86) Der Körper beginnt zu sprechen, Gestik und Mimik gewinnen Aussagequalität von einer Unmittelbarkeit, die die Sprache nicht hat. Einige Regieanweisungen, die leicht überlesen werden, seien hier zusammengestellt:

Szene 1: Woyzeck stampft auf den Boden: hohl, hörst du? [...] Woyzeck starrt in die Gegend. [...] Sieh nicht hinter dich. Reißt ihn (Andres) in's Gebüsch. (235)
Szene 2: Marie: Luder! Schlägt das Fenster zu. (236)
Szene 9: *Woyzeck, nachdem er von Maries Untreue vom Hauptmann andeutungsweise erfahren hat:* Geht mit breiten Schritten ab, erst langsam, dann immer schneller. (245)
Szene 11: Woyzeck erstickt. Immer zu! – immer zu! fährt heftig auf und sinkt zurück auf die Bank immer zu immer zu, schlägt die Hände ineinander dreht euch, wälzt euch. (247)
Szene 27: Woyzeck will das Kind liebkosen, es wendet sich weg und schreit. Herrgott! (255)

3.4 Liedeinlagen im »Woyzeck«

Im DANTON wie in LEONCE UND LENA und auch im LENZ bedient sich BÜCHNER der Liedeinlagen, einer Technik, die er möglicherweise vor allem seinem Vorbild LENZ abgeschaut hat. Wie kalkuliert BÜCHNER die Lieder- oder Liedfragmente auch in den WOYZECK einbaut, zeigt ein Blick in die Entstehungsgeschichte des Dramas. Er arrangiert die Lieder mehrfach anders, tauscht Texte aus, verkürzt und erweitert sie. Sie erfüllen unterschiedliche Funktionen. Zum einen verleihen sie den Szenen ein Moment an Volkstümlichkeit. Sie unterstützen so den Eindruck, der auch durch die Wahl des Schauplatzes (Buden, Wirtshaus), den Rückgriff auf eine stark vom Dialekt her geprägte Sprache und die Wahl der Personen, die vornehmlich aus dem einfachen Volk stammen, erzeugt wird. Zum andern geben die Lieder auf sehr vermittelte Weise Einblick in die psychische Situation der Figuren, indem diese auf sehr einfache Weise im Lied sich und dem Zuschauer zu verstehen geben, was sie anders nicht auf den Begriff bringen können. Als Objektivationen menschlicher Befindlichkeiten werden Lieder dort zitiert, wo die eigene analytische Fähigkeit versagt. Lieder können auch Handlungsimpulse setzen. So löst zum Beispiel das von Andres gesungene Lied von der braven Magd der Frau Wirtin, die den **Soldaten aufpaßt,** bei Woyzeck eine innere Unruhe aus, sodass er die Kaserne verlässt und sich zum Wirtshaus begibt, wo er Margreth – wie die spätere Marie in einer früheren Fassung noch hieß – vermutet (200). Eine weitere Funktion der eingestreuten Liedeinlagen kann sein, dass sie einen Gegenton zu der ansonsten in der Szene vorherrschenden Stimmung entwerfen. So kontrastiert etwa Woyzecks Angst und Gehetztheit mit dem vom Chor angestimmten lustigen Lied **Ein Jäger aus der Pfalz** (247) oder das St. Lichtmesstags-Lied, gesungen von einem Mädchen, steht in schärfstem Kontrast zu der späteren Erzählung der Großmutter (Szene 19, 251 f.). Schließlich können die Lieder gleichsam als Kommentar des Gesamtgeschehens dienen, nehmen damit also eine Funktion ein, wie sie auch dem Märchen der Großmutter zukommt. Dies gilt etwa für die Verse des alten Manns, der zum Leierkasten sein:

> **Auf der Welt ist kein Bestand,**
> **Wir müssen alle sterben,**
> **Das ist uns wohlbekannt!** (237)

singt. Im Folgenden sei auf die Funktion der einzelnen Lieder genauer eingegangen:

Szene 1:   Woyzecks zu Beginn der ersten Szene explosionsartig ausgestoßene apokalyptische Angstbilder finden bei Andres keine Resonanz. Andres beruhigt ihn nicht, indem er auf seine Visionen eingeht. Er übernimmt nicht die Rolle des Vertrauten. Im Gegenteil, er setzt den Aussagen Woyzecks unverbunden ein Lied entgegen, dessen Gesang jedoch nach der zweiten Zeile durch Woyzecks Einwurf **Still! Es geht was!** (235) unterbrochen wird. So fallen sich beide gegenseitig ins Wort oder Lied, zerstören damit die Möglichkeit des Aufeinanderzugehens, schließen sich gegenseitig hermetisch ab. Wenn dann aber Andres kurz darauf sagt, er fürchte sich, wird schlagartig deutlich, dass das Singen des Liedes nichts andres war als sein Versuch der Ablenkung von einer Angst, die ihn selbst überfallen hat. Der auch von ihm vernommenen unheimlichen Stille setzt er sein Lied entgegen, das die Stille übertönen soll.

Szene 2:   Mit dem angsterfüllten Gesang des Andres kontrastiert am Ende der Szene musikalisch der militärische Zapfenstreich (**Hörst du? Sie trommeln drin!**, 235). Geht man davon aus, dass die zweite Szene parallel zur ersten mit eben diesem Zapfenstreich beginnt, übernimmt Marie in ihrer Rede zum Kind, das sie wippend auf dem Arm hält, dieses musikalische Motiv: **He Bub! Sa ra ra ra!** (235) Beim Anblick des Tambourmajors, der sie grüßt, fällt ihr intuitiv das Lied **Soldaten das sind schöne Bursch […]** ein, das somit ihre Beziehung zum Major kommentiert, wie es zuvor schon ihre Mimik getan hat, die Margreth mit den Worten beschreibt: **Ei, was freundliche Auge, Frau Nachbarin, so was is man an ihr nit gewöhnt.** (235) Marie fühlt sich offensichtlich von der Stärke (**Er steht auf seinen Füßen wie ein Löw.**, 235) und Schönheit des Soldaten direkt angesprochen. Nachdem es zu dem Disput mit der Nachbarin gekommen ist, in dem diese Marie beleidigt (**Sie guckt siebe Paar lederne Hose durch**, 236), und Marie das Gespräch abrupt abgebrochen hat, indem sie das Fenster einfach zuschlägt, fühlt sie sich im Innern ihrer Kammer auf sich selbst und ihre Situation plötzlich wieder zurückgeworfen. Sie sieht, dass sie arm und unverheiratet ist und ein Hurenkind hat, wie es die **Leut** (236) nennen. Genau in diesem Augenblick stimmt sie das zweistrophige Lied **Mädel, was fangst jetzt an?** (236) an, das ihre Situation wiedergibt. Marie fühlt sich und ihr **Hurenkind** zurückgesetzt, weil sie von der **honetten Person** Margreth diffamierend als **Frau Jungfer** (236) angesprochen wird. Sie singt ihr Lied zum Trost des Kindes, gleichzeitig behauptet sie sich aber auch in diesem Lied, indem sie das Mädel dort stellvertretend für sich sagen lässt: **Ei was frag ich danach.** (236) Die letzte Zeile des Liedes **Gibt mir kein Mensch nix dazu** könnte gleichfalls Maries Meinung sein. Auch sie weiß, dass sie, ausgeschlossen aus der honetten Gesellschaft, stigmatisiert durch Armut und uneheliches Kind, nichts von der Gesellschaft zu erwarten hat. Warum sollte dann die Gesellschaft an sie Forderungen stellen? Im Singen als Selbstbehauptung klingt somit schon etwas von der späteren **Freiheit** an, die sich Marie auch gegenüber Woyzeck herausnehmen wird, wenn sie ihn betrügt, denn sie will ihre sexuelle Leidenschaftlichkeit ausleben. Sich selbst isoliert sehend drängt sie damit auch den andern in die Isolation. Die Strophe, die dann folgt, lässt sich nicht einfach in die Handlung einbauen. Dennoch könnte man, wie es Gonthier-Louis Fink tut, folgende Möglichkeit des Bezugs erwägen: Marie setzt sich über die Ordnung hinweg,

wie dies wohl auch aus dem Bild des Liedes, Wein für die Pferde, anklingen mag. Aber indem sie zynisch ihrer Desillusion Ausdruck verleiht, scheint sie auch den letzten moralischen Halt und Glauben über Bord zu werfen und gleichsam selbst Vergessen zu suchen: ›Lauter kühle Wein muß es sein, juchhe!‹ Damit werden erst Entgleiten und Treubruch motiviert. (Martens 1965, 475 f.)

Szene 3:   Hier singt lediglich der alte Mann zum Leierkasten drei Zeilen, zu denen ein Kind tanzt:

**Auf der Welt ist kein Bestand,
Wir müssen alle sterben,
Das ist uns wohlbekannt!** (237 f.)

Diese Zeilen, ganz an den Anfang der Szene gesetzt, lassen sich wie eine Inscriptio zu dem folgenden Bild (Jahrmarkt) als eine Darstellung des Jahrmarkts des Lebens lesen und damit auch als Kommentar zum ganzen Stück. Im engeren Handlungskontext sind sie aber auch Vorausdeutung auf die Liebe zwischen Marie und Woyzeck, die keinen Bestand haben wird, denn bereits am Ende der Szene hat sich die Aufmerksamkeit des Tambourmajors direkt auf Marie gelenkt, nachdem in der vorangegangenen bereits Marie auf den Major aufmerksam geworden ist. Verweis auf Zukünftiges sind die Verse aber auch insofern, dass Marie sterben wird, Woyzeck in gewissem Sinne auch.

Aber auch alle anderen Personen müssen dieses Schicksal der Sterblichkeit teilen: **Wir müssen alle sterben** (237). Vergänglichkeit ist das Gesetz, unter dem alles steht, ein Motiv, das später nochmals im Märchen der Großmutter aufgegriffen wird, wenn dort das Kind erfahren muss, dass alles tot ist. Trotz der Gewissheit des allen bestimmten Todes sind die Leute auf dem Jahrmarkt lustig, ein groteskes Treiben angesichts der ersten Liedzeilen.

Szene 4:   Um die Bedeutung des Liedes in dieser Szene zu verstehen wird man den Kontext rekonstruieren müssen. Marie hat wohl ihren Tambourmajor heimlich getroffen. Dieser hat ihr Ohrringe geschenkt, die sie nun, den honetten Frauen vergleichbar, im Spiegel betrachtet. Aber während diese große Spiegel haben, in denen sie sich bespiegeln können, bleibt Marie, dem **arm Weibsbild** (239), nur ein **Stückchen Spiegel** (239), das ihr diesen Dienst leisten muss. Während sie sich im Spiegel betrachtet, stört sie die Anwesenheit des Kindes. Sie kann nicht ganz bei sich sein, denn der **Bub** gemahnt sie an Woyzeck und damit an ihr Gewissen. Genau diese Mahnung oder Warnung spricht auch das Lied in seinen ersten zwei Zeilen aus:

> Mädel mach's Ladel zu,
> S' kommt e Zigeunerbu. (239)

Und wie das Lied als Wiegenlied, das den Buben in den Schlaf singen soll, dient, soll es auch Maries aufgewühlte Leidenschaften beruhigen; sie warnt sich mit ihm vor sich selbst. Aber wie dann in den letzten beiden Zeilen des Liedes doch wieder etwas von der romantisch-exotischen Attraktivität des Zigeunerbuben durchscheint, der man nicht widerstehen kann, zeugt auch das Singen des Liedes selbst von Maries Bemühen ihr Gewissen zu betrügen und deutet ihren Hang zum Eskapismus aus einer aussichtslosen Situation an.

Szene 10 u. 22:   In beiden Szenen wird das Lied von der **Frau Wirtin** angestimmt. Ausschlaggebend ist aber, wer es singt, einmal Andres, später dann – gleich einem Echo dieser Szene – Woyzeck. Vielleicht nur um sich die Zeit in der Wachstube zu vertreiben stimmt Andres den Gassenhauer von der **Frau Wirtin an der Lahn** an. Woyzeck, der das Lied kennt, will wohl mit seinem Anruf **Andres** (246) diesen am Weitersingen hindern, spricht das jedoch nicht klar aus, sondern biegt das Gespräch ab, indem er auf Andres' Frage **Nu?** vom **Schön Wetter** (246) spricht. Andres greift dies auf, spinnt den Gedanken weiter, spricht von den Weibsbildern, die bei diesem **Sonntagsonnwetter** (246) zum Tanzen vor die Stadt gehen. Damit weckt er in Woyzeck konkret die bislang unbegriffene, noch diffuse Furcht, Marie könne sich unter den **Weibsbildern** befinden. Wenn Andres dann die letzten Zeilen der ersten Strophe gesungen hat, die mit der Zeile **und paßt auf die Solda-aten** (246) endet, hat Woyzeck endgültig **kei Ruh** (246) mehr und meint fort zu müssen. Woyzeck will vor Andres nicht seine Vermutung, Marie werde ihm untreu, eingestehen, sondern er begründet sein Verlassen der Wachstube mit der darin herrschenden Hitze. Woyzeck und Andres haben folglich die ganze Szene hindurch, das wird vom Ende her klar, miteinander und voreinander Versteck gespielt. Andres hat nicht nur, wie es anfangs scheint, das Liedchen zum Zeitvertreib vor sich hergesungen, er hat es als auf Woyzecks Situation gemünzte Anspielung gedacht, denn er weiß sofort, warum Woyzeck fort muss (**Mit dem Mensch**, 246) und mit zynischem Hintersinn hat er in der letzten Liedzeile sogar das **Solda-aten** besonders durch die rhythmische Vokalverdoppelung betont.

Was Woyzeck in Szene 10 befürchtet hat, ist in Szene 22 zur Gewissheit geworden. Woyzeck hat darum Marie umgebracht. Wenn er nunmehr das Lied, das früher Andres gesungen hat, selbst singt, klingt es wie geistesabwesend gesungen. Im Tanzen der Paare wiederholt sich die Szene 11. Angesichts dieser Wiederholung scheint auch das Lied eine allgemeine Gesetzmäßigkeit auszudrücken. Immer wieder wird es eine brave Magd geben, die wie Marie den Soldaten aufpasst, und der Teufel **holt euch doch einmal Alle** (253).

Ein weiteres Lied ist dem Gespräch zwischen Käthe und Woyzeck eingelagert. Woyzeck fordert Käthe auf irgendetwas zu singen, als wolle er durch den Gesang abgelenkt werden. Wenn Käthe im Lied davon spricht, dass ihr als Dienstmagd keine langen Kleider und spitzen Schuhe zukämen, wiederholt sich auch hier, was Marie, sich als **arm Weibsbild** bezeichnend, bereits vorher gesagt hatte. Ein Hinweis auf Wiederholung und damit Verallgemeinerung, das ist die Funktion dieses Liedes.

Szene 11: Die erste Äußerung des Handwerksburschen, der auch später zur Predigt ansetzt, kann man sich durchaus gesungen vorstellen. Mit ihr stellt sich der spätere Prediger als Betrunkener dar. Fink weist darauf hin, dass bereits die zweite Zeile des Liedes **Meine Seele stinkt nach Branndewein** das **anscheinend Burleske dieses Liedes eines Betrunkenen ins Groteske** umkehre (Martens 1965, 479) und damit auch einen Ton vorwegnehme, der durch die folgende Predigt noch verstärkt wird. Gegen das Schnapslied des ersten Handwerksburschen wird jedoch noch vor die Predigt das chorisch gesungene und damit Gemeinschaft demonstrierende Lied **Ein Jäger aus der Pfalz** gestellt. Somit ergibt sich in dieser Szene eine Vielheit der Töne: das Lallen des Handwerksburschen, der Chor derjenigen, die die lustige Jägerei besingen, die aufgespielte Tanzmusik, in die sich dann das **Immer zu, immer zu** Maries rhythmisch einlagert, das dann wiederum von Woyzeck, der aus dieser Gemeinschaft der Berauschten als Einsamer herausfällt, aufgenommen und weiter ausgesponnen wird. Vielleicht kann man auch die letzte Zeile des Jagdliedes in genauer Umkehrung ihres Sinnes auf die Szene direkt beziehen. Die Jagd nach dem Glück im rauschhaften Tanz ist momentane Freude für Marie und bedeutet gleichzeitig für Woyzeck, den Gejagten, unendliches Leid.

Szene 19: Das vom Mädchen gesungene Lied zu Beginn dieser Szene klingt ganz arglos und bunt. Erst wenn man es mit dem Kommenden in Verbindung bringt, gewinnt es, wie das Jägerlied, doppelbödigen und unheilvollen Sinn. Auch Woyzeck und Marie werden zu zweit durch die Natur gehen. Pfeifer und Geigen werden sie jedoch nicht begleiten, statt der Sonne wird ihnen der rote Mond scheinen. Und der rote Farbtupfer, der mit den Socken ins sommerliche Bild noch in der letzten Zeile gesetzt wird, erhält im Kontext mit einer der nächsten Szenen einen tödlichen Aspekt: Dort ist die Rede von der **roten Schnur,** die den Hals der toten Marie ziert.

3.5 Märchen der Großmutter

Szene 19 beginnt mit einem von einem Mädchen gesungenen munteren Lied, das erst an Untergründigkeit gewinnt, wenn man auch aus ihm die Wiederaufnahme des Motivs **rot** heraushört und die in ihm besungene glückliche Zweisamkeit gegen das Ende der Szene hält, wo Woyzeck plötzlich für Marie unerwartet auftaucht, diese zum Gehen auffordert, weil es **Zeit** sei, wie er lakonisch sagt (252). Wie die zwei im Liede verlassen sie den Ort der Handlung, nur der Weg führt sie nicht ins blühende Korn, Pfeifer voran, Geiger hinterdrein, sondern Marie, ohne Woyzeck zu fragen, willigt wortlos ein, geht, wie die nächste Szene zeigen wird, zu ihrer Hinrichtungsstätte. Ihre letzten Worte in dieser Szene sind: **Wohinaus?**, Woyzecks Antwort ist selbst wieder eine Frage: **Weiß ich's?** (252) Von diesem Szenenende her gewinnt das Märchen, das keines ist, u. a. seine Bedeutung, denn es endet – wenn auch unausgesprochen – ebenso mit Fragen, die unbeantwortet bleiben.

Den Kindern hat das Lied des Mädchens nicht gefallen und auch Maries **Ringle, ringel Rosenkranz** (252) wird über diese Zeile nicht fortgesetzt, als sei Marie nicht in der Lage mit den Kindern in ihrer Situation ein lustiges Lied zu singen bzw. ein unterhaltsames Spiel zu spielen. Genau in diese Situation hinein erzählt die Großmutter ihr Märchen, nachdem Marie noch zuvor mit dem Stichwort **König Herode**s etwas eingeworfen hat, was zumindest die Assoziation an Kindesmord usw. weckt.

Das Märchen der Großmutter – wie Hinderer sagt, der eigentliche **Integrationspunkt** (Hinderer, 234) – erinnert an Grimm'sche Märchen. Das Märchen DIE STERNTALER dürfte als die klarste Vorlage gedient haben (s. Materialien 3). Auffällig sind die Abwandlungen, die BÜCHNER vorgenommen hat. Statt des **kleinen Mädchens** spricht er direkt vom **arm Kind** (252), damit an den armen Woyzeck, dessen unehelichen Sohn, Marie und die anderen Armen des Stückes erinnernd. Auch im Grimm'schen Märchen sind dem Kind Vater und Mutter gestorben, BÜCHNER nimmt dies auf, betont aber dann noch zweimal – ein Leitmotiv seines Dramas wieder aufnehmend –, dass **Alles tot** (252) sei. In der Märchenversion hat das Kind wenigstens noch von einem **mitleidigen Herzen** ein Stück Brot als Wegzehrung erhalten. Solche Hilfe fehlt in BÜCHNERS Antimärchen. Im Grimm'schen Märchen wird vom Kind gesagt, es sei gut und fromm, habe **Vertrauen auf den lieben Gott**. So erhält es die Sterne, die als **harte blanke Taler** auf die Erde fallen, als Belohnung für sein frommes, Mitleid zeigendes Verhalten. Am Ende ist es erlöst aus seiner Armut (**war reich für sein Lebtag**). Bei BÜCHNERS Kind bleibt diese Erlösung aus, es sitzt am Ende da, weint und **da sitzt es noch und ist ganz allein** (252). Es bleibt unerlöst, nicht etwa, weil es nicht fromm oder ohne Mitleid ist, sondern weil wohl die ganze Welt, einschließlich der Gestirne, unerlöst ist. Von den Sternen verspricht sich das **arm Kind** Errettung in seiner Einsamkeit, wie es sie sich schon von Sonne und Mond versprochen hatte. Diese hatten sich dann aber als ein **Stück faul Holz** bzw. als **ein verreckt Sonneblum** (252) herausgestellt. Und die Sterne sind, **wie's zu den Sterne kam, klei golde Mück, die angesteckt waren wie der Neuntöter sie auf die Schlehe steckt** (252).

BÜCHNER lehnt sich also bewusst an das Sterntaler-Märchen an, damit der Kontrast erfahrbar wird: Im Grimm'schen Märchen herrschten noch eine Welt und ein Denken, wo sich Erlösung und Belohnung nach dem Schema fanden: Gutes Tun, Fromm Sein und Gottvertrauen werden belohnt. Bei BÜCHNER eine Welt, in der das **arm Kind** zur Einsamkeit verurteilt ist, in der sich jede Hoffnung auf Erlösung aus dieser Einsamkeit als große Illusion erweist. Ja, es ist bei dieser Kontrafaktur eines Märchens, diesem Unmärchen oder **modernen Predigtmärlein,** wie Hinderer (1977, 142) es nennt, nicht einmal legitim die Frage zu stellen, warum das Kind einsam bleibt, denn das setzte ja voraus, dass es überhaupt Gerechtigkeit oder die Möglichkeit einer Erlösung gäbe. Das Antimärchen aber bleibt so trostlos, weil es weder zeigt, wie es zu diesem trostlosen Zustand kam, noch wie man aus ihm herauskommen kann. Es beschreibt in kosmologischen Dimensionen einen Zustand, dem Woyzecks Schicksal auf der Bühne entspricht. Am Ende des Märchens könnten wie am Ende des Stücks die zwei Fragen stehen: **Wohinaus? Weiß ich's?** (252)

Es war oben bereits die Rede davon, dass das Märchen der Großmutter Parallelen zu mehreren Grimm'schen Kinder- und Hausmärchen aufweise. Die deutlichste Anspielung findet sich zu STERNTALER. Für den Weg des Kindes zu Mond und Sonne finden sich Vorgaben in dem Märchen DIE SIEBEN RABEN. Dort macht sich das Mädchen auf, seine Brüder zu erlösen.

> Nun ging es immer zu, weit, weit bis an der Welt Ende. Da kam es zur Sonne, aber die war zu heiß und fürchterlich und fraß kleine Kinder. Eilig lief es weg und lief hin zu dem Mond, aber der war gar zu kalt und auch grausig und bös, und als er das Kind merkte, sprach er ›ich rieche, rieche Menschenfleisch‹. Da machte es sich geschwind fort und kam zu den Sternen, die waren ihm freundlich und gut und jeder saß auf seinem besonderen Stühlchen. Der Morgenstern aber stand auf, gab ihm ein Hinkelbeinchen und sprach: ›Wenn du das Beinchen nicht hast, kannst du den Glasberg nicht aufschließen, und in dem Glasberg da sind deine Brüder.‹

Auch in dem Grimm'schen Märchen DAS SINGENDE SPRINGENDE LÖWENECKERCHEN zieht eine Königstochter in die Welt um ihren verzauberten Geliebten zu erlösen. Sie steigt zur Sonne hinauf, befragt den Mond, den Nachtwind und die drei anderen Winde: den Ost-, West- und Südwind, bis sie von Letzterem erfährt, dass die weiße Taube, in die ihr Geliebter verwandelt wurde, zum Roten Meer geflogen und dort zum Löwen geworden sei. Aber die Erlösung verzögert sich und es heißt: **Da stand die arme Weitgewanderte und war wieder verlassen und setzte sich nieder und weinte.** Die Anspielungen auf die Märchen sind klar. Bezeichnenderweise handelt es sich in beiden Märchen wieder um Erlösungsmärchen. Erlösung findet aber im WOYZECK gerade nicht statt, das Kind erlöst nicht seine Brüder oder den Königssohn, die unerlöste Welt bleibt unerlöst.

3.6 Predigt des Handwerksburschen

BÜCHNER bezeichnet, was der Handwerksbursch von sich gibt, selbst als Predigt: **Erster Handwerksbursch predigt auf dem Tisch.** (247) Die Predigt ist wie das Märchen aus dem Kontext in gewisser Weise herauslösbar als ein in sich nochmals selbstständiger Teil. Fraglich ist allerdings, ob man der Predigt viel Bedeutung beimessen sollte, wie es teilweise in der Forschung geschah, oder ob man sie nur als das nehmen sollte, als was sie sich zunächst gibt, nämlich als das bramarbasierende Geschwätz oder die blasphemischen Rodomontaden eines völlig Betrunkenen. Es dürfte verfehlt sein, wenn man, wie Jancke (271) es tut, die Predigt als **Herzstück** des *WOYZECK* auffasst, weil dort die für die kapitalistische Gesellschaft charakteristische Zweck-Mittel-Inversion benannt werde. Im Satz **Selbst das Geld geht in Verwesung über** (247) erkennt Jancke nämlich den **kapitalistischen Geist** wieder, dessen *innerweltliche Askese* **sich von allen sinnlichen Qualitäten abwendet und für den der Reichtum der Welt in der Nacht des Tauschwertes versinkt, der im Kern der barocken Melancholie steckt** (Jancke, 273). Schließlich entdeckt Jancke noch in der Aufforderung am Schluss der Rede **eine Anspielung aufs Ökonomische**, da der **Jude historisch als Verkörperung des Wucherkapitals und Bankkapitals erscheine** (ebd., 274). Aber von solchen interpretatorischen Kraftakten sollte man Abstand nehmen und stattdessen feststellen: Durch die Einlagerung der Predigt wird das Motiv der Gewalttätigkeit gerade in dem Augenblick im Vordergrund eingeführt, wo sich in Woyzeck, angeregt durch das **Immer zu**, gerade in **verdeckter Handlung** der Mordgedanke festsetzt. Außerdem wird mit den Handwerksburschen eine Personengruppe eingeführt, der es genauso schlecht wie Woyzeck geht, die aber eine Ausflucht aus ihrer Misere im Alkohol und im Bramarbasieren sucht und findet, darin durchaus dem Tambourmajor in vielem vergleichbar. Schließlich führt die Predigt das **teleologische Prinzip ad absurdum** (Meier 1983, 61). Der Handwerksbursche stellt die Frage, die auch die Frage Woyzecks sein könnte: **Warum ist der Mensch?** (247) Seine Antwort im biblischen Ton:

> Aber wahrlich ich sage euch, von was hätte der Landmann, der Weißbinder, der Schuster, der Arzt leben sollen, wenn Gott den Menschen nicht geschaffen hätte? Von was hätte der Schneider leben sollen, wenn er dem Menschen nicht die Empfindung der Scham eingepflanzt, von was der Soldat, wenn Er ihn nicht mit dem Bedürfnis sich totzuschlagen ausgerüstet hätte? (Szene 11, 247 f.)

Was in der Handwerksburschenpredigt nur so dahingesagt wird, von BÜCHNER aber auch als eigenes Bekenntnis in seiner Probe-Vorlesung in Zürich formuliert wird (s. Materialien), dass nämlich das teleologische

Prinzip als Denkform endgültig zu verabschieden sei, muss bei einer Deutung des WOYZECK sehr ernst genommen werden. BÜCHNER distanziert sich nämlich von Fragestellungen wie **Warum ist der Mensch?** und entsprechend vorschnellen Antwortversuchen in der Art wie **Er ist ein Geschöpf Gottes** oder **Er ist Gottes Ebenbild, und als solches ist er auf Gott als seinen Anfang und sein Ende hin ausgerichtet.** Die Anwendung des teleologischen Prinzips auf den Menschen ist für ihn nur ein billiger Trost, gefährliche Ideologie. Es gibt kein dem Menschen etwa von Gott vorgegebenes Telos, auf das er sich hin zu entwickeln hätte. Man kann einzig konstatieren, dass Welt und Mensch sind. Ihre Faktizität ist nur konstatierbar, Sinn muss der Mensch selbst in sein Leben legen.

Sicherlich stellt sich angesichts des WOYZECK die Frage: Warum dieses Leid? Aber billige Ausflüchte darf man auf diese Frage nicht geben, etwa in der Art, es sei gottgewollt und gehöre zur Kreatürlichkeit. Solch vorschnelle Antworten lässt BÜCHNER nicht zu. Er zeigt in seinem Drama, dass, bedingt durch die sozialen Verhältnisse, einige Menschen besonders leiden. Insofern hat das Drama Zeigecharakter im Sinne eines **Seht hin!**, er zeigt aber nicht, wie dieses Leid konkret beseitigt werden könnte, lässt den Zuschauer allenfalls Mitleid empfinden für die Kreatürlichkeit und Hinfälligkeit des Menschen. Indem er nur zeigt, aber nicht das Gezeigte erklärt oder gar Appelle formuliert, wie dem Leid ganz abzuhelfen sei, lässt er das Gezeigte neu befragen. Der Zuschauer soll tun, was Woyzeck sich vornimmt, als er den Doktor verlässt. Er sagt: **Ich will drüber nachdenke.** (245)

3.7 Budenszenen

Die erste Fassung beginnt mit der Budenszene (199 f.), in der Szenengruppe 2 wird sie ergänzt (211 f.), in der vorläufigen Reinschrift nimmt sie die Stellung der dritten Szene ein, allerdings ist sie hier gar nicht ausgeführt, sondern BÜCHNER beließ es bei der Überschrift **Buden, Lichter, Volk,** der anderthalb unbeschriebene Seiten folgen. Offensichtlich war die Szene ursprünglich als Expositionsszene gedacht, die einen – wenn auch nur unvollständigen – Rahmen um das Geschehen hergegeben hätte. In der späteren Anordnung wird sie in den Handlungsverlauf insofern integriert, als in der vorangegangenen Szene Marie bereits auf den Tambourmajor aufmerksam geworden ist, nunmehr in der Budenszene der Tambourmajor im Innern der Bude vom Unteroffizier auf das **Weibsbild** aufmerksam gemacht wird. Am Ende der Szene darf man sogar eine erste direkte Begegnung zwischen Marie und dem Tambourmajor annehmen, denn der neben dem Major stehende Unteroffizier **zieht großartig und gemessen die Uhr aus der Tasche** (238), nachdem der Marktschreier gefragt hat, wer von den Herren und Damen eine Uhr habe. Marie **klettert (daraufhin) auf den 1. Platz. Unteroffizier hilft ihr** (238), wie es in der Regieanweisung zum Ende der Szene heißt. Damit kann man das **Man mackt Anfang von Anfang. Es wird sogleich sein das commencement von commencement** (237) sowohl auf den Vorstellungsbeginn, wie es der Ausrufer meint, aber auch auf das Verhältnis Tambourmajor/Marie beziehen.

Noch mehr solcher Bezüge lassen sich zwischen den Budenszenen und der Woyzeck-Handlung ausmachen. Auf die Funktion des Liedes, das der alte Mann zum Leierkasten singt, ist bereits vorher eingegangen worden. Die Jahrmarktszene wird zum Jahrmarkt des Lebens. Das **Sehn Sie die Kreatur, wie sie Gott gemacht, gar nix** (237) lässt sich leicht als Aufforderung an den Theaterzuschauer verstehen, der Woyzeck in all seiner Kreatürlichkeit **vorgeführt** bekommt. Wenn am Ende der Rede des Ausrufers vom **Aff, der schon Soldat ist** gesprochen wird, ist sogar der direkte Bezug auf Woyzeck gegeben: **s' ist noch nit viel, unterst Stuf von menschliche Geschlecht!** (237) Auch im Innern der Bude tut der Marktschreier eine Aussage, die sich unmittelbar als Charakterisierung Woyzecks begreifen lässt: **Kann sich nur nit ausdrücke, nur nit explizirn, ist ein verwandelter Mensch.** (238) Auch Woyzeck kann sich nicht ausdrücken, kann häufig nicht auf den Begriff bringen, was ihm widerfährt.

In den Budenszenen wird ein idealistisches Menschenbild zerstört. Der Unterschied zwischen Tier und Mensch und der Unterschied zwischen den Menschen selbst beruht lediglich auf dem Grad der Zivilisation. Alles ist nur Erziehung, hängt also von Faktoren ab, die nicht vom Einzelnen verantwortbar beeinflusst werden können. Im Brief vom Febr. 1834 an die Familie sagt BÜCHNER entsprechend:

Ich verachte Niemanden, am wenigsten wegen seines Verstandes oder seiner Bildung, weil es in Niemands Gewalt liegt, kein Dummkopf oder kein Verbrecher zu werden, – weil wir durch gleiche Umstände wohl Alle gleich würden, und weil die Umstände außer uns liegen. Der Verstand nun gar ist nur eine sehr geringe Seite unsers geistigen Wesens und die Bildung nur eine sehr zufällige Form desselben. (285)

Der Mensch ist nicht, wie es bürgerliche Ideologie darstellt und wie es Hauptmann und Doktor sagen werden, primär **tugendhaft** (240) und **freies Individuum** (242). Der Marktschreier und der Ausrufer setzen dem entgegen, dass der Mensch, wie es im Wortspiel heißt, mit **viehischer Vernunft** bzw. mit **vernünftiger Viehigkeit** (238) begabt sei. Er ist **ein viehdummes Individuum** (238), seinem Wesen nach eher **unideale Natur** (238) oder **Staub, Sand, Dreck** (238). Wer mehr als Staub, Sand, Dreck sein will, den desillusioniert die Vorstellung im Innern der Bude.

Es ist damit nicht gesagt, dass sich in den Worten des Marktschreiers bzw. des Ausrufers BÜCHNERS eigene Ansicht vom Menschen erkennen lässt. Alle Formulierungen sind perspektivgebunden an die jeweilige dramatis persona, aber es ist doch sicher, dass BÜCHNER das idealistische Menschenbild hinterfragt. Am Ende des Dramas steht nicht unbedingt ein materialistisches Menschenbild, sondern die Frage, was denn der Mensch eigentlich sei, wird in aller Radikalität gestellt. Alle vorgefertigten Antworten sind zerstört, das gilt sowohl für die idealistische als auch für die materialistische.

3.8 Tambourmajor

Obwohl ihm nur wenige Auftritte innerhalb des WOYZECK gehören, lässt sich doch von ihm ein recht klares Bild gewinnen, denn er gehört, wie z. B. auch der Doktor oder in gewisser Hinsicht noch der Hauptmann, zu den eindimensional angelegten Gestalten, bei denen wenige Striche zu deren Konturierung reichen. Innerhalb einer sozialen Hierarchie nimmt er wie Woyzeck eine untere Stellung ein, gehört wie dieser zu den untergeordneten Soldaten, sodass er sich nicht wesentlich von Woyzeck abhebt. Was ihm nach außen hin einen anderen Schein gibt, sind sein Auftreten, seine prunkvolle Uniform, seine Geschenke. In der Budenszene hatte der Ausrufer zum Tier gewandt bereits gesagt: **Sehen Sie jetzt die Kunst, geht aufrecht hat Rock und Hosen, hat ein Säbel! [...] Mach Kompliment! So bist brav.** (Szene 3, 237). Entsprechend dieser **Kunst** gewinnt auch der Tambourmajor an öffentlichem Ansehen. Er selbst ist nichts, sein Selbstbewusstsein leitet sich allenfalls aus seiner männlichen Kraft, seinem Habitus und seiner Kleidung her. So läuft er vor Marie her wie über einen Laufsteg: **Geh' einmal vor dich hin**, so fordert ihn Marie auf und er selbst erwidert: **Wenn ich am Sonntag erst den großen Federbusch hab' und die weiße Handschuh, Donnerwetter, Marie der Prinz sagt immer: Mensch, Er ist ein Kerl.** (Szene 6, 241) Sein Selbstwertgefühl leitet er also von außen her ab. Diese Form der Bestätigung durch sein Gegenüber sucht er auch in der Begegnung mit Woyzeck, wenn er – sich auf die Brust schlagend – sagt: **Ich bin ein Mann! ein Mann sag' ich. Wer will was? Wer kein besoffen Herrgott ist der laß sich von mir. Ich will ihm die Nas ins Arschloch prügeln. Ich will –** zu Woyzeck – **da Kerl, sauf, der Mann muß saufen, ich wollt die Welt wär Schnaps, Schnaps.** (Szene 14, 248)

In Friedenszeiten nimmt der Major vor allem Repräsentationsfunktion des durch den Prinzen vertretenen Staates gegenüber der zivilen Bevölkerung ein. Er lebt eine entfremdete Existenz und unterscheidet sich darin von keiner der anderen Gestalten des Dramas. Er flüchtet vor sich selbst in Alkohol, Aufschneiden und in die Anbetung seiner eigenen Kraft und Männlichkeit, die er sich immer wieder aufs Neue bestätigen muss, so in der vom Zaune gebrochenen Auseinandersetzung mit Woyzeck (Szene 14) oder in der Bewunderung durch die Frauen, wie sie ihm Marie willig entgegenbringt, da sich ihr im Tambourmajor zeigt, was sie bei dem **vergeisterten** (236) Woyzeck, der überdies nicht einmal Zeit für sie hat, entbehrt. Sie bewundert am Major das Äußere. Beim Zapfenstreich kommentiert sie sein Erscheinen: **Er steht auf seinen Füßen wie ein Löw,** nachdem bereits die Nachbarin von ihm gesagt hatte **wie ein Baum** (Szene 2, 235). In ihrer Kammer **lobt** sie den Tambourmajor, der vor ihr auf- und abgeht, **ihn ansehend, mit Ausdruck: [...] Über die Brust wie ein Rind und ein Bart wie ein Löw – So ist keiner – Ich bin stolz vor allen Weibern.** (Szene 6, 241).

Über eine rein triebgelenkte Beziehung kommt es bei der Begegnung Marie/Tambourmajor nicht hinaus. Als der Major Maries vor der Bude ansichtig wird, sagt er zum Unteroffizier: **Teufel, zum Fortpflanzen von Küraissierregimenter und zur Zucht von Tambour-Majors** (Szene 3, 237). Dies aufnehmend heißt es in Szene 6: **Und du bist auch ein Weibsbild. Sappermont, wir wollen eine Zucht von Tambour-Majors anlegen. He? [...] Wild Tier.** (241) Die Entfremdung, die alle Gestalten des *Woyzeck* prägt, zeigt sich also auch im Tambourmajor und noch mehr: **Auch die, die ihrem Stand nach eigentlich zusammengehören würden, reproduzieren untereinander die soziale Hierarchie. Daran zeigt sich das sozialpsychologische Phänomen, daß Unterdrückung, die man erfährt, weitergegeben werden will.** (Meier, 41) Woyzecks Kampf mit dem Tambourmajor und die Reaktion der Umstehenden (**Der hat sei Fett,** 249) zeigt dies aufs Deutlichste: Statt Solidarität nur Aggression (Szene 14) und Gewalttätigkeit um auf diese Weise zu kompensieren, was die Gesellschaft einem vorenthält. Woyzecks Gegenspieler im Drama ist insofern nicht der Tambourmajor, sondern die Gesellschaft.

3.9 Doktor

Der Doktor ist vermutlich eine Persiflage auf den Gießener Universitätsprofessor Wilbrand, der gleichzeitig praktizierender Arzt war und dessen Vorlesungen BÜCHNER hörte. BÜCHNERS Kommilitone Carl Vogt führt aus: **Wie der Doktor Wozzek vor den Studenten mit den Ohren wackeln läßt, so bildete auch hier bei dem klapperdürren, hageren Wilbrand, der sich zudem in eine tiefsinnig abstruse Naturphilosophie verrannt hatte, die Demonstration der Ohrmuskeln den Glanzpunkt seiner anatomischen Vorlesung** (Vogt 1896, 670). Andere Eigenschaften, die BÜCHNER seinem Doktor angedichtet hat, scheint er von dem damals ebenfalls in Gießen lehrenden Justus Liebig, wieder andere von dem Leipziger Stadtphysikus Dr. Johann Christian Clarus, dem Gutachter im Fall Woyzeck, entlehnt zu haben. BÜCHNER verzeichnet jedoch diese Vorbilder zur groteske Züge annehmenden Karikatur.

Woyzeck und der Doktor sind ein Vertragsverhältnis eingegangen. Woyzeck stellt sich ihm zu Experimenten zur Verfügung, um sich – wie durch das Stöckeschneiden – auf diese Weise ein kleines Zubrot zu verdienen, das er Marie und seinem Kind zukommen lässt. Er willigt in eine extreme Erbsendiät ein. In Szene 8 hat ihn der Arzt gerade dabei erwischt, dass er **vertragsbrüchig** geworden ist, weil er, trotz der **zwei Groschen täglich**, seinen Urin nicht an sich gehalten hat, sondern **auf die Straß, an die Wand gepißt (hat) wie ein Hund.** (242) Dass Woyzeck, wie dieser sich verteidigt bzw. entschuldigt, die **Natur gekommen ist,** gilt dem Doktor nichts, denn dem Arzt geht jegliches Verständnis für Woyzeck und dessen Lage ab. Er sieht in ihm lediglich ein willfähriges Opfer für seine wissenschaftlichen Karriereinteressen. Woyzeck ist ihm ein **interessanter casus** (243). Es ist blanker Hohn, wenn er vom **Subjekt Woyzeck** (243) spricht, wo er doch in der Szene 18 diesen wie ein den Studenten zur Schau gestelltes Tier behandelt: **Bestie, soll ich dir die Ohren bewegen, willst du's machen wie die Katze!** (251) Die Verbindung zur Budenszene ist unverkennbar.

Der Arzt gibt sich der Lächerlichkeit preis. Er verspricht sich von seinem **Phänomen** (Szene 9, 245) Woyzeck gleich **eine Revolution in der Wissenschaft, ich sprenge sie in die Luft.** (Szene 8, 242) Er ist sich und seinen Mitmenschen entfremdet, darin dem Tambourmajor vergleichbar. Wie er Woyzeck und den Hauptmann lediglich als medizinische Fälle betrachten kann ohne dabei dem Ethos eines Arztes gerecht zu werden, betrachtet er auch an sich selbst die einfachsten Körperreaktionen mit wissenschaftlicher Genauigkeit: **Ich hab's gesehn, mit diesen Augen gesehn, ich steckt grade die Nase zum Fenster hinaus und ließ die Sonnenstrahlen hineinfallen, um das Niesen zu beobachten.** (Szene 8, 243) Er beobachtet seinen Puls, domestiziert sich selbst, versucht immer ganz ruhig zu bleiben, denn Unruhe und Ärger sind ihm unwissenschaftlich und ungesund, so spricht er **mit der größten Kaltblütigkeit** (243), obwohl ihn die Regieanweisung genau dies **mit Affekt** sagen lässt (Szene 8, 243). Lächerlich wirkt auch die Vorlesung des Doktors in Szene 18. Hier springt er völlig unkonzentriert von einem Thema zum andern. In seiner wichtigtuerischen Art kündet er an, der Frage **über das Verhältnis des Subjekts zum Objekt** nachgehen zu wollen. Aufgeblasen beschreibt er seine Versuchsanordnung: **Wenn wir nur eins von den Dingen nehmen, worin sich die organische Selbstaffirmation des Gött-**

lichen, auf einem so hohen Standpunkt manifestiert, und ihr Verhältnis zum Raum, zur Erde, zum Planetarischen untersuchen […] (250). Hinter solch hochgestochener, an den deutschen Idealismus erinnernden Terminologie steckt nichts anderes als der Versuch eine Katze aus einem Dachfenster, an dem sich der Doktor platziert hat, in den Hof hinunterzuwerfen. Zur Ausführung des Versuchs kommt es jedoch erst gar nicht. Woyzeck, der die Katze hält, wird von dieser gebissen. Auf seine Aussage hin, er habe das Zittern, hat der Arzt sogleich seinen Versuch vergessen, wendet sich interessiert Woyzeck zu (**Ei, ei, schön Woyzeck**), entdeckt dann gleich wieder bei der Katze die **neue Spezies Hasenlaus** und, als ihm die Katze aus **wissenschaftlichem Instinkt** davongelaufen ist, lässt er Woyzeck von seinen Studenten abtasten, als wäre er ein bloßer Gegenstand (**Sie betasten ihm Schläfe, Puls und Busen** 251). Was als Vorlesung gedacht war, entpuppt sich als ein chaotisches Sammelsurium aus Geschwätz und Banalität, sodass die Doktor-Szenen auch als Satire Büchners auf den Wissenschaftsbetrieb seiner Zeit verstanden werden können. Die satirischen Elemente werden jedoch bis ins Groteske getrieben. **Grotesk, grotesk** (246) ruft so auch der Hauptmann dem davoneilenden Woyzeck und dem hinterdreinlaufenden Doktor am Ende der Szene 9 nach.

Im Munde des Doktors, der selbst unfrei ist, weil er sich seiner wissenschaftlichen Karriere verschrieben hat, nimmt sich die Belehrung, die er Woyzeck erteilt, geradezu als Hohn aus: **Woyzeck, der Mensch ist frei, in dem Menschen verklärt sich die Individualität zur Freiheit.** (242) Das ist bürgerliche Ideologie, die als Herrschaftsinstrument eingesetzt wird, die aber durch die Karikierung der Gestalt und durch die szenische Konstellation entlarvt wird. Woyzeck ist es aber verwehrt, sich durch Ironie etwa vom Doktor zu distanzieren. Er hat sich ihm um für Frau und Kind einen kleinen Geldbetrag hinzuzugewinnen mit Haut und Haar verkauft, wird erst durch seinen sich verschlimmernden Gesundheitszustand interessant. Ohnmächtig wirkt er gegenüber dem Arzt, weil er mit ihm nicht ins Gespräch kommen kann, denn dieser baut durch seine aufgesetzte Fachsprache, die allerdings auch sogleich in die gröbste Umgangssprache abgleiten kann, Barrieren gegenüber Woyzeck auf, der selbst nicht in der Lage ist sich zu explizieren, der nur erzählen kann, aber nicht auf den Begriff bringen kann, wenn er erklären will, warum ihm die Natur gekommen ist oder welche doppelte Natur er gesehen hat (Szene 8).

3.10 Hauptmann

Während BÜCHNER die Karikatur des gewissen- und skrupellosen, idealistischen Floskeln des Bürgertums verpflichteten Doktors recht einlinig anlegt, kompliziert er die Gestalt des Hauptmanns. Merkwürdig ist bereits, dass er den Hauptmann nicht innerhalb seines militärischen Umfeldes zeigt. Er lässt ihn vielmehr auf der Straße oder beim Rasieren auftreten, entkleidet ihn somit aller militärischen Attribute. Der Arzt beschreibt ihn folgendermaßen: **aufgedunsen, fett, dicker Hals, apoplektische Konstitution** (Szene 9, 244). Er liebt die Häuslichkeit, liegt im Fenster, **wenn's geregnet hat und sieht den weißen Strümpfen nach wie sie über die Gassen springen** (Szene 5, 240 f.). Er spricht ehrfürchtig vom **hochehrwürdigen Garnisonsprediger** (240), mahnt aus seiner vermeintlich christlichen Gesinnung heraus Woyzeck sein Verhältnis zu Marie kirchlich absegnen zu lassen; kurz, der Hauptmann ist weniger eine Karikatur des Militärs als eines bürgerlichen Philisters. **Als das vollendete Zerrbild eines Soldaten nach Habitus, Ansichten und Gepflogenheiten trägt dieser Hauptmann hier bürgerliche Züge, – bürgerlich freilich nicht im Sinne des aufsässig-selbstbewußten Bürgertums der großen Revolution, sondern mit kräftigem Einschlag ins Halbherzig-Spießbürgerliche** (Martens 1958, 66 f.). Bigott und spießbürgerlich setzt dieser Hauptmann um sich seiner Überlegenheit gegenüber Woyzeck zu vergewissern bürgerliche Ideologeme ein, die sich jedoch in ihrer in Tautologien verfangenden Form selbst ad absurdum führen: **O Er ist dumm, ganz abscheulich dumm.** *Gerührt.* **Woyzeck, Er ist ein guter Mensch, ein guter Mensch – aber** *mit Würde* **Woyzeck, Er hat keine Moral! Moral das ist wenn man moralisch ist, versteht Er. Es ist ein gutes Wort.** (240) Später dann versteigt sich der Hauptmann zu der Äußerung: **Woyzeck Er hat keine Tugend, Er ist kein tugendhafter Mensch […]. Aber Woyzeck, die Tugend, die Tugend! […] ich sag' mir immer: Du bist ein tugendhafter Mensch,** *gerührt,* **ein guter Mensch, ein guter Mensch** (Szene 5, 241). Gerade durch die steten Doppelungen der Begriffe zeigt sich formelhafter, inhaltslos gewordener Gebrauch.

> Begriffe einer bürgerlichen, von Rousseau belehrten Welt sind hier zu Floskeln entleert, mit denen sich ein dünkelhafter Hochmut behängt. Der Hauptmann, der sich Woyzecks Schicksal gegenüber in Wahrheit lieblos, unmenschlich, indifferent verhält, bezeugt sich hier als Repräsentant einer Gesellschaft, die sich in unverbindlicher Humanität, mit der wohlfeilen Überzeugung vom Guten und Edlen im Menschen über die dunkle Wirklichkeit, den Anblick menschlicher Not mitleidlos hinweghilft, – als harmlos-gefährlicher Träger einer doppelten Moral. (Martens 1958, 67)

Wie der Doktor, der Woyzeck **Individualität** und **menschliche Freiheit** vorhält, gebraucht der Hauptmann die Begriffe **Moral** und **Tugend** um sich in ihnen zu sonnen und selbst zu bestätigen. Unter dem Deckmantel bürgerlicher Ideologie beuten sie beide Woyzeck schamlos aus. Woyzecks Ohnmacht ist so groß, dass er diesen Verbalattacken nichts entgegensetzen kann. Sein Einwurf, ihm sei die Natur gekommen, wird vom Arzt nicht wahrgenommen, seine Erwiderung gegenüber dem Hauptmann geht an dessen Ohr ungehört vorbei, obwohl Woyzeck gerade in seiner Antwort sehr präzise seine aussichtslose Lage beschreibt, wenn er auf den Vorwurf des Hauptmanns, er habe ein Kind ohne den Segen der Kirche, erwidert: **Herr Hauptmann, der liebe Gott wird den armen Wurm nicht drum ansehn, ob das Amen drüber gesagt ist, eh' er gemacht wurde. Der Herr sprach: Lasset die Kindlein zu mir kommen** (Szene 5, 240). Und auf die dünkelhaft vorgebrachte Anschuldigung, er habe keine Moral bzw. sei nicht tugendhaft, weiß Woyzeck zu antworten: **Wir arme Leut. Sehn Sie, Herr Hauptmann, Geld, Geld. Wer kein Geld hat. Da setz einmal einer seinsgleichen auf die Moral in die Welt. Man hat auch sein Fleisch und Blut. Unseins ist doch einmal unselig in der und der andern Welt, ich glaub' wenn wir in Himmel kämen so müßten wir donnern helfen** (240). Woyzeck durchschaut zwar nicht klar, wie für die Vertreter des Bürgertums Tugend und Moral zu Instrumenten der Disziplinierung werden, die sie gegen sich selbst und gegen andere gebrauchen, aber ihm dämmert zumindest, dass es, um tugendhaft oder moralisch zu sein, materieller Voraussetzungen bedarf, über die er nicht verfügt: **Sehn Sie, wir gemeine Leut, das hat keine Tugend, es kommt einem nur so die Natur, aber wenn ich ein Herr wär und hätt ein Hut und eine Uhr und eine anglaise und könnt vornehm reden, ich wollt schon tugendhaft sein. Es muss was Schöns sein um die Tugend Herr Hauptmann. Aber ich bin ein armer Kerl** (Szene 5, 241). Woyzeck probt also nicht den Aufstand gegen den Hauptmann. Er resigniert, passt sich an, ja zweifelt nicht daran, dass er in seinem Leben nach dem Tode, an das er glaubt, **donnern** muss, dass sich also die gesellschaftlichen Verhältnisse bis ins Jenseits hinein fortsetzen.

Der Hauptmann ist jedoch mehr als eine bloße Satire auf ein seine Machtposition ausspielendes Bürgertum, hier in der Variante des pharisäerhaften Spießbürgers. Er ist zugleich die Karikatur modischer Weltschmerzattitüde der gebildeten Kreise der Zeit, Perversion des Intellektuellen (Eibl 1981, 427), aber darüber hinaus wird man die seltsame Nervosität, Schreckhaftigkeit und Unrast registrieren müssen, die eigentlich seinem spießbürgerlichen Habitus nicht ansteht und seinen Prinzipien von Ordnung und Einteilung bedenklich zuwiderläuft. Seine Redeweise ist eigentümlich abgerissen. Unstet wechselt er von einem Gegenstand zum andern, fällt von der Würde in die Rührung, vom ›Er‹ Woyzeck gegenüber ins ›Du‹ Woyzeck, klagt, er habe ihn ganz ›konfus‹ gemacht. […] Die ersten Worte in der Rasierszene bereits ›Langsam, Woyzeck, langsam … Er macht mir ganz schwindlig‹ zeugen von einem Zustand bedrohten Gleichgewichts. Auf lächerliche Art tritt hier eine innere Gefährdetheit zu Tage, […] Angst, Daseinsangst, ein Herzthema der Dichtung Büchners, mischt sich auf disparate Weise unter des Hauptmanns patriarchalische Ermahnung gegenüber Woyzeck: ›Woyzeck, es schaudert mich, wenn ich denke, daß sich die Welt in einem Tag herumdreht. Wo soll das hinaus? Woyzeck, ich kann kein Mühlrad mehr sehen.‹ […] Die bohrende Frage nach dem Sinn des Daseins, […] das skrupulöse Messen der eigenen Existenz an der Instanz der Ewigkeit, es ist auf läppische Art auch des Hauptmanns Teil: ›Es wird mir ganz angst um die Welt, wenn ich an die Ewigkeit denke […] Ewig, das ist ewig, das ist ewig – das siehst du ein; nun ist es aber wieder nicht ewig, und das ist ein Augenblick, ja, ein Augenblick …‹ Auch die Langeweile, Symptom für den Verlust der Transzendenz und der Seinsangst wie der Schwermut verschwistert, […] klingt in den Auslassungen des Hauptmanns an […]. Mit diesen Zügen verläßt die Karikatur des Hauptmanns die einfache gesellschaftskritische Ebene. Es handelt sich nicht mehr allein um satirisch gefaßte soziale Typik. Was zutage tritt, sind vielmehr, ins Lächerliche verzerrt, Ausdruckselemente einer tragischen Grundbefindlichkeit des Menschen, unabhängig von der Zugehörigkeit zu einer sozialen Gruppe […]. An dem Repräsentanten eines nichtswürdigen Bürgertums erscheinen Züge, die auf eine Disharmonie des Seins selbst deuten: In gesellschaftliche Anklage mischt sich ein geheimes Grauen vor einer übergesellschaftlichen Heillosigkeit der Weltordnung. (Martens 1958, 69 ff.)

3.11 Marie

Marie unterscheidet sich von den anderen Gestalten, weil nur sie und Woyzeck mit einem Individualnamen im Personenverzeichnis genannt werden, sieht man einmal von Andres ab, der einen Sonderfall darstellt. Sie nimmt neben Woyzeck diese Ausnahmeposition ein, da sie von BÜCHNER so gezeichnet wird, dass sie über ihr eigenes Tun reflektiert und an sich Selbstkritik übt, eine Haltung, die den flächiger gezeichneten Gestalten, wie etwa dem Doktor oder dem Hauptmann, gänzlich abgeht. **Diese Gebrochenheit in ihrer Rolle verhindert, daß auch sie nur Repräsentantin einer sozialen Gruppe bzw. einer menschlichen Beziehung (die Geliebte etwa) ist. Marie wird nicht auf eine Charaktermaske reduziert, sondern als Figur mit Eigenleben gezeichnet** (Meier, 55). Bei einer Gruppenaufteilung in die Armen und die Privilegierten gehört sie zur ersten Gruppe. Charakteristisch für sie ist jedoch, dass sie innerlich immer wieder gegen ihren sozialen Status rebelliert, dann aber auch gleich wieder resigniert. In diesem Oszillieren unterscheidet sie sich von Woyzeck, der nicht mehr versucht aus seinem sozialen Status herauszutreten. Während dieser sich den **arm Leut** ganz und gar zugehörig weiß und die Klassenschranken als etwas Unumstößliches akzeptiert, fühlt sich Marie von solchen Äußerungen, wie sie etwa die Nachbarin ihr gegenüber tut, getroffen (s. Szene 2). Wenn sie dann mit dem Wort **Luder!** das Fenster zuschlägt, dauert solcher **Protest** nicht lange an. Sie findet sich gleich wieder in ihre Lage, sucht Trost bei dem **Hurenkind: Was die Leut wollen. Bist doch nur en arm Hurenkind und machst deiner Mutter Freud mit deim unehrliche Gesicht** (236). Im Volkslied, das sie dann anstimmt, artikuliert sich erneut ein bewusster Protest gegen ihre Situation. Hier eröffnen sich ihr Fluchträume, die sie sucht, dann aber auch wieder verwirft.

Die Beziehung zu Woyzeck ist gestört. Sie hat inzwischen Angst vor dem **vergeisterten Mann, der sein Kind nicht angesehn hat** (236). Diese Angst überträgt sie gleich weiter auf ihr Kind, schließlich auf den sie umgebenden Raum: **Es wird so dunkel, man meint, man wär blind. Sonst scheint doch die Latern herein. Ich halt's nicht aus. Es schauert mich** (236). Solcher Schauer wechselt gleich in der nächsten Szene mit dem Freudenausruf (**Hei! Hopsa!**, 162), wenn sie sich mit Woyzeck auf der Kirmes amüsiert. Marie lebt, so wird man sagen dürfen, immer aus dem Augenblick heraus, der ihr Furcht machen oder sie aufheitern kann. Diese Augenblicksgebundenheit, ihre Spontaneität und Sprunghaftigkeit sind mit ein Grund dafür, dass sie sich durch den Tambourmajor so angezogen fühlt. Hinzu kommen noch ihre große Ansprechbereitschaft durch äußeren Glanz und ihre Triebhaftigkeit, die durch den gehetzten Woyzeck nicht befriedigt werden kann. Die soziale Misere, in der beide stecken, bleibt jedoch von ihnen undurchschaut. Die daraus abzuleitenden Frustrationen lenken sie nicht etwa als produktive Aggression auf die eigentliche Ursache, sondern kehren sie wider sich selbst. Marie kehrt sie gegen Woyzeck und sogar ihr Kind und diese Aggression macht sie anfällig für jede Verführung, in der sie sich momentane Befriedigung verspricht.

Ein Beispiel:

Als Marie vor dem überraschend eintretenden Woyzeck die Ringe verstecken will, tut sie das so ungeschickt, daß Woyzeck erst recht aufmerksam werden muß. Der Besitz des Wertgegenstandes vereinsamt Marie und macht ihr Verhalten zu Kind und Mann feindselig. Die Armut erschwert ein vertrauensvolles Verhältnis zwischen Marie und Woyzeck: Marie muß die Ringe verheimlichen, da deren Besitz den unehrlichen Erwerb voraussetzt. Dieser Schuld ist sich Marie bewußt, und auch Woyzeck begreift die Situation sofort unter diesem Aspekt: er erkennt die offensichtliche Lüge, antwortet aber nicht mir Vorwürfen, sondern zeigt nur, daß er verstanden hat. Nur auf diese Weise funktioniert die Kommunikation zwischen Woyzeck und Marie: sie bemerken vor allem, was sie trennt, was ihr Verhältnis zerstört. […] Woyzeck und Marie haben keine Gelegenheit, den Konflikt auszutragen, und können ihn schon gar nicht auflösen. […] Obwohl sich Woyzeck und Marie in derselben Situation befinden, ergibt sich zwischen beiden doch keine Solidarität: beide werden zu Handlungen gezwungen, die sie eigentlich nicht wollen und von denen sie zugrundegerichtet werden. (Meier 37)

Maries Wechselhaftigkeit zeigt sich auch darin, dass sie sich wegen ihres Handelns Gewissensbisse macht, sich dann aber über diese hinwegsetzt. Als es zu der Begegnung zwischen ihr und dem Tambourmajor in ihrer Kammer kommt, weist sie z. B. den Major, der sie umfassen will, **verstimmt** mit einem **Laß mich** (Szene 6, 241) ab, um dann sofort zu einer doppeldeutigen Drohung bzw. Aufforderung überzuschwenken: **Marie heftig: Rühr mich an!** (241) Verweigerung und Begehren treiben sie immer wieder in die Resignation: Die gerade benannte Begegnung mit dem Tambourmajor endet mit ihrem **Meinetwegen. Es ist Alles eins.** (241) Szene 4 endet, nachdem Woyzeck die Kammer verlassen hat, mit Maries kleinem Monolog: **Ich bin doch ein schlecht Mensch. Ich könnt' mich erstechen. – Ach! Was Welt? Geht doch Alles zum Teufel, Mann und Weib.** (239) Marie hat ihre Orientierung verloren. Auch die Bibel gibt ihr nicht den versprochenen Trost. Nach ihrem **Sündenfall** blättert sie in der Bibel, findet dort jene Passage über Maria Magdalene, ein mögliches Identifikationsmuster. Jesu Ausspruch: **So verdamme ich dich auch nicht** (249) findet aber letztlich kein Gehör bei ihr. Marie, schließlich das Fenster öffnend und Franz erwartend, schlägt sich – so heißt die letzte Regieanweisung – **auf die Brust** und sagt **Alles tot! Heiland, Heiland ich möchte dir die Füße salben.** (250) Die ersehnte Erlösung bleibt jedoch aus. Resignation auch hier. Alles tot. Liebe und Verzeihung sind nicht die archimedischen Fluchtpunkte, von denen aus Rettung möglich wäre.

3.12 Woyzeck

Woyzeck ist die Gegenfigur zu einem dramatischen Helden. Er gehört zu den **leidenden, gedrückten Gestalten** (286), von denen BÜCHNER in seinem Brief an die Familie im Februar 1834 spricht und denen sein ganzes Mitleid gehört. Er ist ein Elender, Schwacher, von allen und vor allen Erniedrigter. Zu keiner der ihn umgebenden Gestalten findet er eine menschliche Beziehung, keine der Gestalten findet zu ihm. Er wird von dem Arzt als Versuchsobjekt missbraucht, der Hauptmann redet ihm in seiner sentimental-spießbürgerlichen Phraseologie ein, er sei ein schlechter Mensch, Andres hat kein Verständnis für ihn, die Handwerksburschen malträtieren ihn, der Jude nimmt ihn aus, der Tambourmajor braucht ihn um sich seine eigene Überlegenheit und Kraft zu beweisen. Marie, seine Geliebte, betrügt ihn. Mit ihr verliert er das Einzige, was ihm auf der Welt geblieben ist (s. Szene 9). Selbst sein Kind wendet sich von ihm ab. So ist Woyzeck der Einsame, vergleichbar dem Kind in dem von der Großmutter erzählten Märchen.

Wer Woyzeck ist, zeigt die Kasernenszene: **Woyzeck zieht ein Papier hervor. Friedrich Johann Franz Woyzeck, Wehrmann, Füsilier im 2. Regiment, 2. Bataillon, 4. Compagnie, geb. Mariä Verkündigung, ich bin heut alt 30 Jahr, 7 Monat und 12 Tage.** (Szene 17, 250) Woyzeck ist nichts anderes als ein austauschbares, in die militärische Maschinerie eingeordnetes Glied. Er gehört ganz und gar zu den **arm Leut,** denen er sich selbst zurechnet, auch das verdeutlicht diese Szene, wenn er zu deren Beginn in seinen Sachen kramt und das wenige, das er besitzt, testamentarisch vermacht: ein **Kamisolche, das Kreuz, das Ringlein,** einen **Heiligen, zwei Herze und schön Gold** (250). Mehr nicht. Schon die Disparatheit der genannten Gegenstände zeigt, wie Woyzecks eigene Konturen verschwimmen. Er definiert sich nicht durch sich selbst, seine Tätigkeit oder seinen Besitz, er definiert sich vornehmlich durch die Liebe zu Marie, aber auch diese Identität wird ihm ja durch Maries Treuebruch genommen.

Er verdient zu wenig, als dass er Geliebte und Kind unterhalten könnte, darum muss er sich noch dem Doktor verschreiben, ja seinen Körper zu experimentellen Zwecken verkaufen, die ihn schwächen und vielleicht auch mit Ursache seines Wahnsinns sind. Woyzeck ist ein Gehetzter. Er verfügt nicht über Zeit wie etwa der Hauptmann, dem das Zuviel an Zeit bedrohlich wird, Woyzeck hat nie Zeit. Der Besuch der Kirmes ist eine Ausnahme, ansonsten gewinnt man den Eindruck, Woyzeck sei immer gehetzt. Szene 2: **Ich muss fort** (236). Szene 4 endet ebenfalls damit, dass Woyzeck fort muss. Zu Beginn der fünften Szene mahnt der Hauptmann Woyzeck langsamer zu sein. Und am Ende heißt es wieder: **Geh' jetzt und renn nicht so; langsam hübsch langsam die Straße hinunter** (Szene 5, 241). In der neunten Szene lautet die Regieanweisung, Woyzeck komme die Straße heruntergerannt. **Er läuft ja wie ein offnes Rasiermesser durch die Welt** (244), so kommentiert der Hauptmann. Und am Ende der Szene, wenn er Doktor und Hauptmann verlässt, wird aus seinen langsamen Schritten, mit denen er sich zuerst entfernt, schließlich ein schneller Lauf.

Woyzeck leidet nicht nur unter der ökonomischen Misere, deren Bedingungen er nicht durchschaut. Er leidet in gleichem Maße unbewusst unter seiner Kommunikationslosigkeit. Er steht isoliert da, kann seine

Ängste keinem mitteilen, erreicht die anderen nicht mit seinem Denken, bleibt ihnen gegenüber fremd. Fremd und bedrohlich ist ihm alles, was ihm widerfährt. Er kann es sprachlich nicht bewältigen, kann sich nicht explizieren und es so auf Distanz rücken. So ist Woyzeck nicht nur von der Gesellschaft missbraucht, sondern er sieht sich auch überall dem Anonymen, dem Namenlosen gegenüber, das er sprachlich nicht bannen kann. Er behilft sich damit, das, was ihm Angst macht, in ihm bekannte Erklärungsmuster einzuordnen, denn wie der historische Woyzeck hat auch Woyzeck im BÜCHNER'schen Drama seine Träume, Stimmen, Halluzinationen, was nach außen als Schizophrenie erscheint. Bereits in der ersten Szene, gleich in der ersten Äußerung, deutet er Andres wohl eine Lichterscheinung (**den Streif da über das Gras,** 235) als einen Ort des Ungeheuerlichen: **da rollt Abends der Kopf, es hob ihn einmal einer auf, er meint' es wär' ein Igel. Drei Tag und drei Nächt und er lag auf den Hobelspänen** *leise* **Andres, das waren die Freimaurer, still!** (235) Seine eigenen Ängste projiziert Woyzeck in das freie Feld, vermischt mit dem Gesehenen und Gedeuteten Abergläubisches und liefert sich selbst eine Pseudoerklärung (Freimaurer), die ihm helfen soll, was für ihn unbegreifbar ist, zu konkretisieren und zu erklären. Seine eigene innere Haltlosigkeit übersetzt er ins Räumliche. Gleich darauf wendet er sich wieder an Andres: **Es geht hinter mir, unter mir** *stampft auf den Boden* **hohl, hörst du? Alles hohl da unten. Die Freimaurer!** (235) Die Szene schließt mit einer apokalyptischen Vision Woyzecks: **Wie hell! Ein Feuer fährt um den Himmel und ein Getös herunter wie Posaunen. Wie's heraufzieht! Fort. Sieh nicht hinter dich!** (235) Wieder taucht das unbestimmte, unpersönliche *Es* auf, das Woyzeck bedrängt, weil er es nicht genauer bestimmen kann. Im Folgenden nimmt es dann in Form der Stimmen immer mehr Kontur an. (Der Wandel des **Immer zu** zu **Stich tot** wurde bereits oben genauer dargestellt.) Die Stimmen werden für Woyzeck zu einer äußeren Macht, bestimmen im Unbewussten sein Handeln, Schicksalsgöttern oder einer anonymen, das Handeln bestimmenden Macht vergleichbar: **Soll ich? Muß ich? Hör ich's da auch, sagt's der Wind auch? Hör ich's immer, immer zu, stich tot, tot.** (Szene 12, 248) Genau im Augenblick der seelischen Katastrophe vernimmt Woyzeck den Aufruf zum Mord: **Das eine ist offenbar nicht die Folge des andern. Mordgeheiß und Zusammenbruch sind identisch […] Die Stimme, die Woyzeck hört, ist der Einsturz seines allzu sehr gepeinigten Ich. Im äußersten Schmerz öffnet sich der Untergrund des Chaos in ihm.** (Ritscher, 50) Woyzeck ermordet so seine Geliebte Marie, sein Liebstes, sein Einziges, was er hat, für das er gelebt hat und durch das er sich selbst definierte bzw. was ihm seine Identität verlieh. So kommt der Mord an Marie einem Selbstmord gleich. Wie eine leere Hülse ist Woyzeck nach dieser in sich sinnlosen Tat. Sich selbst hat er in dieser Tat umgebracht.

In einer früheren Fassung hatte Woyzeck bereits kommentiert: **Jeder Mensch ist ein Abgrund, es schwindelt einem, wenn man hinabsieht.** (217) Es schwindelt ihm vor sich selbst. Gerade darin zeichnet sich aber Woyzeck vor allen anderen Gestalten aus und darin ist er wohl auch ein Abkömmling Dantons. Er befragt sich selbst in radikaler Weise. Dieser Zug ist in der Forschung an Woyzeck noch zu wenig hervorgekehrt worden. Schon in Szene 2 sagt Marie von Woyzeck: **So vergeistert. […] Er schnappt noch über mit den Gedanken.** (236) In Szene 5 wird der Hauptmann von Woyzeck sagen: **Du bist ein guter Mensch, ein guter Mensch. Aber du denkst zu viel, das zehrt, du siehst immer so verhetzt aus.** (241) Gleich in Szene 7 sagt Marie zu Woyzeck: **Was hast du Franz? Du bist hirnwütig Franz.** (242) Im darauf folgenden Gespräch zwischen Woyzeck und Doktor mahnt ihn der Arzt: **Woyzeck, Er philosophiert wieder** (Szene 8, 243). Am Ende des Gesprächs mit Hauptmann und Doktor verabschiedet sich Woyzeck dann damit, dass er darüber nachdenken wolle, ob **das Nein am Ja oder das Ja am Nein Schuld sei** (Szene 9, 245). Man wird all diese Stellen ernst nehmen müssen, nur dann nämlich wird man erkennen, dass Woyzecks Fragen zugleich die Fragen sind, die das Drama WOYZECK an den Leser bzw. Zuschauer stellt und denen dieser sich stellen muss. Woyzeck expliziert diese Fragen zwar nicht selbst, formuliert sie nicht aus, aber sie begleiten dennoch untergründig das ganze Drama. Es sind dies Fragen wie: Was ist der Mensch? Ist er nicht mehr als ein zivilisiertes Tier? Was treibt den Menschen zu seinen Handlungen? Sind diese Handlungen nicht sinnlos? Gibt es eine Erlösung aus all der Sinnlosigkeit und Einsamkeit? Wie findet der Einzelne zum Du? usw.

4 Büchners Realismus

Es ist BÜCHNERS große Leistung, diese Fragen zwar aufzuwerfen, sich dann aber jedem vorschnellen Antwortversuch zu verweigern. Die offene Form des Dramas wiederholt sich im Offenhalten der Fragen. Antworten werden allenfalls durch den Leser individuell gegeben bzw. die nihilistische, theologische oder materialistische Deutung, die das Drama erfahren hat, sind solche Versuche die Leerstellen des Dramas zu besetzen. BÜCHNER selbst verbietet sich jede definitive Antwort, er gibt eine *objektive* Zustandsbeschreibung, die allenfalls so weit geht, dass sie vorschnelle, bürgerlich-ideologische Antwortversuche durch Karikatur falsifiziert (Hauptmann/Doktor) und somit umso eindringlicher Fragen offen lässt und nach Antworten ruft.

Der *realistische* Bezug, der sich im Woyzeck folglich finden lässt, entspricht BÜCHNERS künstlerischem Credo, das viele Interpreten aus der im Folgenden angeführten Passage aus der Novelle *LENZ* herauslesen. Den Künstler Lenz lässt BÜCHNER dort sagen:

> Die Dichter, von denen man sage, sie geben die Wirklichkeit, hätten auch keine Ahnung davon, doch seien sie immer noch erträglicher, als die, welche die Wirklichkeit verklären wollten. Er sagte: Der liebe Gott hat die Welt wohl gemacht wie sie sein soll, und wir können wohl nicht was Besseres klecksen, unser einziges Bestreben soll sein, ihm ein wenig nachzuschaffen. Ich verlange in Allem – Leben, Möglichkeit des Daseins, und dann ist's gut; wir haben dann nicht zu fragen, ob es schön, ob es häßlich ist, das Gefühl, daß Was geschaffen sei, Leben habe, stehe über diesen Beiden, und sei das einzige Kriterium in Kunstsachen. Übrigens begegne es uns nur selten, in Shakespeare finden wir es und in den Volksliedern tönt es einem ganz, in Göthe manchmal entgegen. Alles Übrige kann man ins Feuer werfen. Die Leute können auch keinen Hundstall zeichnen. Da wolle man idealistische Gestalten, aber Alles, was ich davon gesehen, sind Holzpuppen. Dieser Idealismus ist die schmählichste Verachtung der menschlichen Natur. Man versuche es einmal und senke sich in das Leben des Geringsten und gebe es wieder, in den Zuckungen, den Andeutungen, dem ganzen feinen, kaum bemerkten Mienenspiel; er hätte dergleichen versucht im *HOFMEISTER* und den *SOLDATEN*. Es sind die prosaischsten Menschen unter der Sonne; aber die Gefühlsader ist in fast allen Menschen gleich, nur ist die Hülle mehr oder weniger dicht, durch die sie brechen muß. Man muß nur Aug und Ohren dafür haben. Wie ich gestern neben am Tal hinaufging, sah ich auf einem Steine zwei Mädchen sitzen, die eine band ihre Haare auf, die andre half ihr; und das goldne Haar hing herab, und ein ernstes bleiches Gesicht, und doch so jung, und die schwarze Tracht und die andre so sorgsam bemüht. Die schönsten, innigsten Bilder der altdeutschen Schule geben kaum eine Ahnung davon.

Man möchte manchmal ein Medusenhaupt sein, um so eine Gruppe in Stein verwandeln zu können, und den Leuten zurufen. Sie standen auf, die schöne Gruppe war zerstört; aber wie sie so hinabstiegen, zwischen den Felsen, war es wieder ein anderes Bild. Die schönsten Bilder, die schwellendsten Töne, gruppieren, lösen sich auf. Nur eins bleibt: eine unendliche Schönheit, die aus einer Form in die andre tritt, ewig aufgeblättert, verändert, man kann sie aber freilich nicht immer festhalten und in Museen stellen und auf Noten ziehen und dann Alt und Jung herbeirufen, und die Buben und Alten darüber radotieren und sich entzücken lassen. Man muß die Menschheit lieben, um in das eigentümliche Wesen jedes einzudringen, es darf einem keiner zu gering, keiner zu häßlich sein, erst dann kann man sie verstehen; das unbedeutendste Gesicht macht einen tiefern Eindruck als die bloße Empfindung des Schönen, und man kann die Gestalten aus sich heraustreten lassen, ohne etwas vom Äußern hineinzukopieren, wo einem kein Leben, keine Muskeln, kein Puls entgegen schwillt und pocht. Kaufmann warf ihm vor, daß er in der Wirklichkeit doch keine Typen für einen Apoll von Belvedere oder eine Raphaelische Madonna finden würde. Was liegt daran, versetzte er, ich muß gestehen, ich fühle mich dabei sehr tot. Wenn ich in mir arbeite, kann ich auch wohl was dabei fühlen, aber ich tue das Beste daran. Der Dichter und Bildende ist mir der Liebste, der mir die Natur am Wirklichsten gibt, so daß ich über seinem Gebild fühle, Alles Übrige stört mich. (144 f.)

 Lenz bzw. BÜCHNER geht es folglich um Wirklichkeitsdarstellung. Jede Änderung der Wirklichkeit im Kunstwerk etwa durch Vereinseitigung oder Idealisierung wäre ein hybrides Unterfangen, denn, wie er Lenz sagen lässt, habe der **liebe Gott die Welt wohl gemacht wie sie sein soll, und wir können wohl nicht was Besseres klecksen, unser einziges Bestreben soll sein, ihm ein wenig nachzuschaffen.** Gegenstand der Dichtung ist **das Leben, die Möglichkeit des Daseins**, wobei es gleichgültig ist, ob das ›Leben‹ nun schön oder hässlich ist. Eine solche Filterung des Lebens nach ästhetischen Wertkriterien käme dessen Verstümmelung gleich. Das einzige Kriterium, das in Kunstsachen gilt, ist **das Gefühl, daß Was geschaffen sei, Leben habe.**

 BÜCHNER wendet sich mit aller Entschiedenheit gegen den Idealismus, denn dieser resultiert aus der **schmählichsten Verachtung der menschlichen Natur.** Er macht die Menschen allenfalls zu **Holzpuppen.** Entsprechend richtet sich BÜCHNERS Dramaturgie gegen ein idealistisches Drama im Sinne Schillers. Im Brief vom 28. Juli 1835 an die Familie heißt es parallel zu den Äußerungen im Kunstgespräch des *LENZ:*

Was noch die sogenannten Idealdichter anbetrifft, so finde ich, daß sie fast nichts als Marionetten mit himmelblauen Nasen und affektiertem Pathos, aber nicht Menschen von Fleisch und Blut gegeben haben, deren Leid und Freude mich mitempfinden macht, und deren Tun und Handeln mir Abscheu oder Bewunderung einflößt. Mit einem Wort, ich halte viel auf Goethe oder Shakespeare, aber sehr wenig auf Schiller (306)

In diesem Brief wie auch im Kunstgespräch benennt Büchner die rezeptionsästhetische Zielsetzung: Mitempfinden. Im Kunstgespräch heißt es zusätzlich noch in Hinsicht auf produktionsästhetische Voraussetzungen: **Man muß die Menschheit lieben, um in das eigentümliche Wesen jedes einzudringen.** (145) Mitleiden mit der Menschheit ist also sowohl die Bedingung, ohne die ein realistisches Kunstwerk nicht zustande kommen kann, wie die angemessene Rezeptionsweise, unter der ein Kunstwerk erlebt werden soll. Voraussetzung für diese ›Poetik des Mitleids‹ ist eine von Büchner behauptete natürliche Gleichheit der Menschen.

> Man versuche es einmal und senke sich in das Leben des Geringsten und gebe es wieder, in den Zuckungen, den Andeutungen, dem ganzen feinen, kaum bemerkten Mienenspiel. […] Es sind die prosaischsten Menschen unter der Sonne; aber die Gefühlsader ist in fast allen Menschen gleich, nur ist die Hülle mehr oder weniger dicht, durch die sie brechen muß. Man muß nur Aug und Ohr dafür haben. (144)

Woyzeck ist der Versuch Büchners sich ganz und gar einem solchen prosaischen Menschen zuzuwenden, sich in das Leben des Geringsten zu versenken und es in all seinen Zuckungen, Andeutungen und in seinem reichen Mienenspiel ohne jegliche Wertung wiederzugeben. Indem Büchner das Leiden des Menschen darstellt, will er Mitleid mit dem Menschen erzeugen. In der Novelle *Lenz* heißt es einmal von Lenz: **Er sprach einfach mit den Leuten, sie litten alle mit ihm, und es war ihm ein Trost, wenn er über einige müdgeweinte Augen Schlaf, und gequälten Herzen Ruhe bringen, wenn er über dieses von materiellen Bedürfnissen gequälte Sein, die dumpfen Leiden gen Himmel leiten konnte.** (142) Der Dichter selbst muss Mitleid mit der Menschheit haben, nur so öffnet sich ihm sein Ohr für die Leiden der Menschen, sodass er sie so darstellen kann, dass sie wiederum Mitleid erzeugen. Leiden und Mitleid werden somit zu zentralen Begriffen für Büchners Woyzeck-Drama und es ist bezeichnend, dass er Woyzeck nochmals zwei Zeilen, die wohl aus einem pietistischen Erbauungsbuch stammen dürften, vorlesen lässt, die bereits Eingang in den *Lenz* gefunden hatten:

> Leiden sei all mein Gewinst,
> Leiden sei mein Gottesdienst. (142 u. 250)

Was Perspektive fiktionaler Figuren in Erzählung oder Drama ist, muss nicht unbedingt Büchners eigene Ansicht sein. Er verbietet sich wohl selbst die christliche Lösung, dass die Leiden gen Himmel getragen werden können, sodass der Leidende Trost empfängt. Was Büchner will, ist allenfalls das Konstatieren des Leids der Menschheit. Was auch er nicht weiß und was er auch im *Woyzeck* an keiner Stelle andeutet, ist jener archimedische Punkt, von dem aus das Leiden der Menschheit aus der Welt geschaffen werden könnte. Entsprechend trostlos und bar jeder Lösung lässt sich dann auch BÜCHNER in einem Brief an die Eltern vernehmen, in dem er zwar deutlich macht, dass Hass angebracht sei, wo Menschen den Menschen verachten (man denke an Doktor und Hauptmann). Offen lässt er jedoch in dem Brief, wie dem Leiden der Menschen abgeholfen werden könne.

Gießen, im Februar 1834

[...] Ich verachte niemanden, am wenigsten wegen seines Verstandes oder seiner Bildung, weil es in Niemands Gewalt liegt, kein Dummkopf oder kein Verbrecher zu werden, – weil wir durch gleiche Umstände wohl Alle gleich würden, und weil die Umstände außer uns liegen. Der *Verstand* nun gar ist nur eine sehr geringe Seite unsers geistigen Wesens und die Bildung nur eine sehr zufällige Form desselben. Wer mir eine solche Verachtung vorwirft, behauptet, daß ich einen Menschen mit Füßen träte, weil er einen schlechten Rock anhätte. Es heißt dies, eine Roheit, die man Einem im Körperlichen nimmer zutrauen würde, ins Geistige übertragen, wo sie noch gemeiner ist. Ich kann Jemanden einen Dummkopf nennen, ohne ihn deshalb zu *verachten;* die Dummheit gehört zu den allgemeinen Eigenschaften der menschlichen Dinge; für ihre Existenz kann ich nichts, es kann mir aber Niemand wehren, Alles, was existiert, bei seinem Namen zu nennen und dem, was mir unangenehm ist, aus dem Wege zu gehn. Jemanden kränken ist eine Grausamkeit, ihn aber zu suchen oder zu meiden bleibt meinem Gutdünken überlassen. *Daher* erklärt sich mein Betragen gegen alte Bekannte; ich kränkte Keinen und sparte mir viel Langeweile; halten sie mich für hochmütig, wenn ich an ihren Vergnügungen oder Beschäftigungen keinen Geschmack finde, so ist es eine Ungerechtigkeit; mir würde es nie einfallen, einem Andern aus dem nämlichen Grunde einen ähnlichen Vorwurf zu machen. Man nennt mich einen *Spötter*. Es ist wahr, ich lache oft, aber ich lache nicht darüber, *wie* Jemand ein Mensch, sondern nur darüber, *daß* er ein Mensch ist, wofür er ohnehin nichts kann, und lache dabei über mich selbst, der ich sein Schicksal teile. Die Leute nennen das Spott, sie vertragen es nicht, daß man sich als Narr produziert und sie duzt; sie sind Verächter, Spötter und Hochmütige, weil sie die Narrheit nur *außer sich* suchen. Ich habe freilich noch eine Art von Spott, es ist aber nicht der der Verachtung, sondern der des Hasses. Der Haß ist so gut erlaubt als die Liebe, und ich hege ihn im vollsten Maße gegen die, *welche verachten.* Es ist deren eine große Zahl, die im Besitze einer lächerlichen Äußerlichkeit, die man Bildung, oder eines toten Krams, den man Gelehrsamkeit heißt, die große Masse ihrer Brüder ihrem verachtenden Egoismus opfern. Der Aristokratismus ist die schändlichste Verachtung des heiligen Geistes im Menschen; gegen ihn kehre ich seine eigenen Waffen; Hochmut gegen Hochmut, Spott gegen Spott. – Ihr würdet euch besser bei meinem Stiefelputzer nach mir umsehn; mein Hochmut und Verachtung Geistesarmer und Ungelehrter fände dort wohl ihr bestes Objekt. Ich bitte, fragt ihn einmal [...] Die Lächerlichkeit des Herablassens werdet Ihr mir doch wohl nicht zutrauen. Ich hoffe noch immer, daß ich leidenden, gedrückten Gestalten mehr mitleidige Blicke zugeworfen, als kalten, vornehmen Herzen bittere Worte gesagt habe. (285 f.)

Unterrichtshilfen

1 Didaktische Aspekte

BÜCHNERS Werk nimmt im offiziellen oder heimlichen Kanon des heutigen Deutschunterrichts einen unangefochtenen Platz ein. Argumente, WOYZECK zum Gegenstand einer Unterrichtsreihe zu machen, seien im Folgenden kurz benannt:

- WOYZECK gehört zu den wichtigsten deutschsprachigen Dramen des 19. Jahrhunderts.
- WOYZECK ist ein Markstein innerhalb der Geschichte des deutschen Dramas; dieses Drama erprobt neue dramatische Formen, die später erst in ihrer innovativen Leistung begriffen wurden, sodass sich von hier aus die verzögerte, aber dann umso intensivere Rezeption, die das Stück erfahren hat, erklären lässt.
- WOYZECK kann als Paradigma für jene Dramenform begriffen werden, die V. Klotz als offene Bauform des Dramas so eingehend beschrieben hat.
- WOYZECK bildet einen klaren Kontrast zum sog. idealistischen Drama der Klassik (insbesondere Schillers).
- WOYZECK problematisiert auf eine fast einzigartige Weise den dramatischen Helden, weil den Mittelpunkt des Dramas hier nicht der wortgewandte tragische Held, sondern die fast stumme, geschundene, arme Kreatur bildet.
- WOYZECK verdeutlicht damit auf exemplarische Weise, wie mit einem sprachlich nicht souveränen Helden neue dramatische Formen gefunden werden müssen.
- Die Textüberlieferung des WOYZECK lässt auf beispielhafte Weise erkennen, wie die Herstellung einer Lesefassung und die Interpretation zwei nicht voneinander zu trennende Vorgehensweisen sind.
- Die Vorlage des Clarus-Gutachtens erlaubt es, Einblicke in die literarische Werkstatt zu werfen.
- Der geringe Umfang des WOYZECK ermöglicht eine besonders textnahe, aspektreiche Interpretation, die immer wieder Teil und Ganzes im Blick behalten kann.

2 Unterrichtsreihen

Woyzeck kann in die unterschiedlichsten Unterrichtseinheiten als ein Element eingebaut werden. Einige denkbare Einlagerungen seien hier als Vorschläge formuliert:

1. Innerhalb einer Epochenvorstellung von Jungem Deutschland/Vormärz hätte der *Woyzeck* seinen legitimen Platz, wenn man sich auch darüber im Klaren sein muss, dass die von BÜCHNER gewählte Dramenform nicht zeittypisch war und darum auch zunächst wohl eine Rezeption des Werkes ausblieb. Andererseits tragen BÜCHNERS kritische Haltung gegenüber dem Idealismus, seine Verbindung von Revolutionär, Naturwissenschaftler und Dichter wiederum zeittypische Züge, die eine entsprechende Einordnung BÜCHNERS in die genannte Epoche rechtfertigen.

2. Wem an einer Typologie dramatischer Bauformen gelegen ist, kann als Beispiel für die offene Bauform des Dramas auf den *Woyzeck* zurückgreifen und diesen etwa mit Schillers *Maria Stuart*, einem Paradigma der geschlossenen Form, vergleichen.

3. Interessant dürfte folgende, auf Wahlverwandtschaften hin angelegte Textreihe, die drei Jahrhunderte umgreift, sein:
Lenz: *Der Hofmeister*
Büchner: *Lenz*
Büchner: *Woyzeck*
Schneider: *Lenz*

4. Eine weitere Möglichkeit, *Woyzeck* in eine übergeordnete Themenreihe einzuordnen, wäre, ihn in eine Reihe von Dramen zu stellen, die soziale Konflikte thematisieren, z. B.:
Schiller: *Kabale und Liebe*
Hebbel: *Maria Magdalena*
Büchner: *Woyzeck*
Kroetz: *Maria Magdalena*

5. Eine Dramenreihe ergäbe sich auch, wenn man Stücke zusammenstellte, deren Helden dem Proletariat entstammen:
Büchner: *Woyzeck*
Hauptmann: *Die Weber*
Brecht: *Die Gewehre der Frau Carrar*

6. Die unterschiedliche Verwertung des Wahnsinnsmotivs im *Lenz* und im *Woyzeck* könnte noch durch die Heranziehung weiterer Texte ausgefaltet werden. Dabei könnten einbezogen werden:
Hoffmann: *Rat Krespel/Fräulein von Scuderi*
Hauptmann: *Bahnwärter Thiel*
Döblin: *Die Ermordung einer Butterblume*
Heym: *Der Irre*

3 Unterrichtssequenz

Der folgende Unterrichtsvorschlag (s. S. 76–85) ist so gestaltet, dass er sowohl dem Grundkurs als auch dem Leistungskurs zugrunde gelegt werden kann.

Wir erweitern die Unterrichtsreihe um eine Analyse des HESSISCHEN LANDBOTEN. Diese Konstellation ermöglicht es, einen sogenannten expositorischen mit einem fiktionalen Text zu konfrontieren. So kann nach der unterschiedlichen Machart und der daraus resultierenden unterschiedlichen Wirkung beider Texte gefragt werden, eine Fragestellung, die noch mehr an Brisanz gewinnt, wenn WOYZECK und Clarus-Gutachten zusätzlich gegeneinander gestellt werden und sich damit zwangsläufig die Frage nach dem möglicherweise dokumentarischen Charakter des WOYZECK ergibt.

Verwendete Abkürzungen:

GA	= Gruppenarbeit		PA	= Partnerarbeit
GK	= Grundkurs		Ref	= Referat
HA	= Hausaufgabe		SA	= Stillarbeit
KRef	= Kurzreferat		SV	= Schülervortrag
LK	= Leistungskurs		UG	= Unterrichtsgespräch
LV	= Lehrervortrag			

Büchner: DER HESSISCHE LANDBOTE (Juli-Fassung)

Stunden	Thema	Methodische Realisierung/ Verlauf
1.–3.	Agitationsstrategien zu Beginn der Flugschrift	– Angemessener Schülervortrag der ersten Abschnitte ohne Vorbericht – Analyse des ersten Abschnitts unter folgenden Gesichtspunkten: Wie müsste der Text angemessen vorgelesen werden? Wie nutzt Büchner das Bibelzitat?
	Die politisch-sozialhistorische Situation in Hessen um 1830 und die Entstehung der Flugschrift	Analyse des Vorberichts: Auf welche politische Situation lässt der Vorbericht schließen?
	Biografie Büchners	Kommentierung der Zeittafel zu Büchners Leben (s. Materialien) Wort- und Sacherklärungen zum HESSISCHEN LANDBOTEN
	Aufbau des HESSISCHEN LANDBOTEN	SA zu folgenden Fragen: Welches Gliederungsprinzip verfolgt Büchner? Welche Wirkung erzielt er damit?
	Anwendung der Lasswellformel auf die Flugschrift (Who Says What In Which Channel To Whom With What Effect?)	GA zu folgenden Fragen: Welche Rollen schreibt sich der Verfasser zu? Welche Informationen und welche Wertungen von Tatbeständen vermittelt er dem Lesepublikum?
	Bibel und Agitation	Zusammenfassung: Welchen Gebrauch macht Büchner von der Bibel und der religiösen Einstellung seiner Leser?

Hausaufgabe

Wie führt er den Leser ein? Warum vermeidet er zu Beginn Imperative? Woher nimmt er die Bilder? Welche Funktion hat der verwandte Parallelismus? Wie wirkt die Verwendung der Statistik?	**Vorbereitende HA:** Häusl. Textlektüre; Markierung unverstandener Textstellen
	Ref 1: Die politisch-soziale Situation in Oberhessen um 1830 (hessisch-darmstädtische Verfassung von 1820 und die Verfassungsbewegung bis 1834; Bevölkerungssituation und wirtschaftliche Situation in Oberhessen, Bauernunruhen; Hambacher Fest, Frankfurter Wachensturm)
	Ref 2: Entstehung, Druck und Verbreitung des *HESSISCHEN LANDBOTEN;* Karlsbader und Bundestags-Beschlüsse, Weidig; Gesellschaft der Menschenrechte; Druck und geheime Verbreitung des *H. L.;* Verrat, Verhaftung, Büchners Flucht
Welches Verhältnis baut er im Laufe des Textes zum Publikum auf? Welcher rhetorischer Mittel bedient er sich und welche Funktionen haben sie? (einige Beispiele)	
	PRO HA in Gruppen: fiktives Schreiben eines Bauern, dem ein Flugblatt zugespielt wurde, an einen anderen Bauern; oder: fiktives Schreiben eines Polizisten an eine vorgesetzte Dienststelle über ein abgefangenes Exemplar des *H. L.*

Büchner: *WOYZECK*

Stunden	Thema	Methodische Realisierung/ Verlauf
4.	Spontane Äußerungen zur Lektüre	Wort- und Sacherklärungen von unverstandenen Textpartien Sammlung von ersten Leseeindrücken und Benennung von Lese- und Verständnisschwierigkeiten unter folgenden Gesichtspunkten: Welche Reaktionen stellten sich bei der ersten Lektüre ein?
	Inhaltsangabe	Rekonstruktion einer Handlungsabfolge: Verfassen Sie eine Inhaltsangabe des Dramas, wobei Sie sich schrittweise an die Einzelszenen der vorgelegten Fassung des *WOYZECK* halten!
5.	Textherstellung und Interpretation	LV: Textüberlieferung des *WOYZECK* Schüler erhalten Übersicht über die unterschiedliche Anordnung der Szenen und werten sie aus. Vorläufige Diskussion über mögliche Schlussszenen
6./7.	Die offene Bauform: Die Autonomie der Einzelszene	PA: Schüler untersuchen exemplarisch Szenenbeginn, -schluss, Szenenübergänge.
	Behandlung der Zeit	Schüler bestimmen das Verhältnis von dargestellter Zeit und Darstellungszeit.
	Behandlung des Raumes	Schüler nennen die einzelnen Spielorte und werten die jeweilige durch den Ort hervorgerufene Atmosphäre aus.
	Vielfalt der Personen zur Wiedergabe gesellschaftlicher Totalität	Schüler bilden Personengruppen aufgrund des Personenverzeichnisses.
	Verknüpfungen der Einzelszenen	GA: Schüler suchen nach metaphorischen Verklammerungen. Auswertung der einzelnen Sprachbilder in Gruppenarbeit (rot, Blut, Messer, heiß, kalt, Augen; Wortdoppelungen)

Hausaufgabe

Welche Textpartien haben besonders beeindruckt?
Was hat besonders abstoßend gewirkt?
Worin liegen große Unterschiede zu bislang gelesenen Dramen?

Vorbereitende HA:
Häusl. Lektüre des Dramas; Markierung unverstandener Textstellen

---

Welche Szenen könnten einen anderen Platz in der Reihenfolge der Handlung einnehmen?
Worin liegt die Austauschbarkeit einiger Szenen begründet?

Wie unterscheiden sich die Szenenabfolgen und welche Aufschlüsse kann man daraus gewinnen?
Mit welcher Szene würden Sie das Drama beschließen?

Inwiefern weicht Büchner von der üblichen Handlungseinteilung (Akt, Szene) ab?
Ist die Handlung kontinuierlich und linear durchgeführt?

Wie lange dürfte die Spieldauer des *WOYZECK* sein?

An welchen Orten spielt *WOYZECK*?
Welche Atmosphäre schafft der Ort?

HA: Schüler entwickeln für einzelne Orte Vorschläge zu Szenenbildern.

Welche Personen könnte man aus welchen Gründen zu Gruppen zusammenfassen?
Welche Sprachbilder oder Wortgewebe ziehen sich durch das ganze Drama?

Häusliche Lektüre des Clarus-Gutachtens

Unterrichtshilfen 79

Stunden	Thema	Methodische Realisierung/ Verlauf
8.	Der historische Woyzeck	LV: Lehrer informiert über Zustandekommen des Clarus-Gutachtens. SA: Schüler arbeiten Übernahmen und Unterschiede zwischen Drama und Gutachten heraus. Analyse des Clarus-Gutachtens (Vorwort) auf seine ideologischen Implikationen hin: Diskussion: Würde Woyzeck heute freigesprochen?
9.	Züge der Karikatur im *WOYZECK:* Doktor	Schüler charakterisieren den Doktor aufgrund der Szenen 8, 9, 18. Schüler spielen Szene 18 nach.
	Hauptmann	Szenisches Lesen der Szene 5. Der Hauptmann als Karikatur des Spießbürgers (dazu auch Szene 9).
10.	Tambourmajor Marie	GA: Charakterisierung der Verhältnisse Tambourmajor – Marie (2, 3, 6) Woyzeck – Tambourmajor Charakterisierung Maries und ihres Verhältnisses zu Woyzeck Charakterisierung ihres Verhältnisses zum Kind
11.	Woyzeck	Zusammenfassung der Ergebnisse: Verhältnis: Woyzeck – Doktor Woyzeck – Hauptmann Woyzeck – Tambourmajor Woyzeck – Marie Charakterisierung des Verhältnisses Woyzeck – Andres Woyzeck – Kind PA: Schüler untersuchen Szene 1 unter dem Aspekt von Woyzecks Sprachlosigkeit, Einsamkeit. Mord an Marie (4, 7, 9, 10, 11, 12, 13, 14, 15, 17, 19, 20, 22)

Hausaufgabe

Was hat Büchner aus dem Gutachten übernommen? Welche Abänderungen lassen sich feststellen? Teilt Büchner die idealistische Auffassung Clarus'?	Schüler verfassen ein Plädoyer für oder gegen Woyzeck.

In welchem Verhältnis stehen Doktor und Woyzeck zueinander?
Wodurch wird der Doktor zur Karikatur?
Welchen Typ von Wissenschaftler karikiert der Arzt?
Wie unterscheidet sich die Karikatur des Hauptmanns von der des Doktors?
Charakterisieren Sie den Hauptmann durch seine Sprache!
In welchem Verhältnis stehen Hauptmann und Woyzeck zueinander?
Wie verwendet der Hauptmann den Tugendbegriff?

Inwiefern unterscheidet sich Marie von allen anderen Figuren?
Wie sieht sie sich selbst, wie sehen sie die anderen?
Welches Verhältnis hat sie zu Woyzeck?
Welches Verhältnis hat sie zu ihrem Kind?
Was sagen die Liedeinlagen über Marie aus? (2, 4, 13)

Stunden	Thema	Methodische Realisierung/ Verlauf
12.	Kommentar. Szenen Buden Lichter [...]	Diskussion: Könnte die Szene 3 (Buden, [...]) wegfallen?
	Verweigerung teleologischen Denkens	Schüler analysieren Rede des Handwerksburschen in Verbindung mit Büchners Vorlesung über Schädelnerven.
	Märchen der Großmutter: Sinnlosigkeit des Lebens	
13.	Vergleich *HESSISCHER LANDBOTE* (expositorischer Text) – *WOYZECK* (fiktionaler Text)	Schüler beziehen den Brief vom Februar 1834 auf *WOYZECK*.
	Aktualität des *WOYZECK*	Diskussion über die Aktualität des *WOYZECK*
14.	Büchners Realismus	Lesen des Kunstgesprächs

Hausaufgabe

Wie lässt sich das Lied des Leierkastenmanns auf WOYZECK beziehen? Welches Menschenbild hat der Ausrufer? Spiegelt es sich im WOYZECK wider?	
Welche Parallelen gibt es zwischen Rede und Vorlesung?	Schüler lesen DIE STERNTALER
An welcher Stelle wird dieses Märchen erzählt? Welche Unterschiede weist es zum STERNTALER-Märchen auf? Welche Parallelen lassen sich zwischen Märchen und Drama ziehen? Kann man dieses Märchen als Schlüsselstelle für den WOYZECK ansehen?	
Worin unterscheidet sich der H. L. von WOYZECK in der Publikumswirkung? Welches wird die von WOYZECK erreichte Wirkung auf das Publikum sein? Lässt sich der Brief vom Februar 1834 auf WOYZECK beziehen? Sollte man WOYZECK auf den Spielplan setzen? Wären Aktualisierungen denkbar und wünschenswert?	Schüler entwerfen Textzusammenstellung für ein Programmheft zum WOYZECK
Welche Forderungen stellt Büchner an die Kunst? Versuchen Sie seinen Begriff von Realismus zu bestimmen. Gegen welche Form von Kunst wendet sich Büchner? Welche Voraussetzungen muss der Künstler mitbringen? Welche Wirkung sollen Kunstwerke haben? Wenden Sie das Kunstgespräch auf WOYZECK an.	Ref: Büchners LENZ und Einordnung des Kunstgesprächs

4 Alternativen und Ergänzungen zur vorgestellten Unterrichtssequenz

Natürlich bieten sich zur oben vorgestellten Unterrichtssequenz diskussionswürdige Alternativen und Ergänzungen an. Während die oben vorgeschlagene Reihenfolge der Behandlung der beiden Texte – Flugschrift und Drama – sich im Wesentlichen im Bereich der konventionell-analytischen Unterrichtsgestaltung bewegt, können noch ganz andere unterrichtsmethodische Wege beschritten werden und somit auch ganz andere Ziele verfolgt werden. Eine Fülle didaktischer Anregungen sind dazu zum WOYZECK in der literaturdidaktischen Literatur entwickelt worden. Eine eigene Rubrik in der Bibliografie weist sie in Auswahl auf.

1. Wer mit seinem Kurs bereits Formen der *szenischen Interpretation* eingeübt hat, findet gerade in Büchners Fragment gebliebenem Stück eine sehr ergiebige Vorlage, die es ermöglicht, durch szenische Interpretation erschlossen zu werden. Auch wenn der Kurs in dem Verfahren noch ungeübt ist, dürfte sich ein Einstieg in die szenische Interpretation von Dramentexten mit Büchners Drama geradezu anbieten. Was szenisches Interpretieren dabei meinen kann, hat Scheller einmal folgendermaßen zusammengefasst: Szenisches Interpretieren ist der Versuch, die in Dramentexten skizzierten sozialen Situationen, die sprachlichen Äußerungen von Figuren als Teil eines sozialhistorisch verortbaren Lebenszusammenhangs zu verstehen. Da der Text nur Dialoge und wenig nonverbale Handlungen nennt, müssen diese so konkret wie möglich in sinnlich wahrnehmbare Szenen und Handlungen umgesetzt werden, damit sprachliche Äußerungen und Handlungen als Teil und Ausdruck historischer Subjekte und Situationen verstanden werden können, in denen unbewußte und bewußte, physische und psychische Verhaltensmomente einen häufig in sich widersprüchlichen Kompromiß eingehen. Verstehen heißt dabei immer szenisches Verstehen und schließt die Auseinandersetzung mit den äußeren und inneren Haltungen des Verstehenden mit ein. Es meint den Versuch, das dramatische Geschehen sowohl aus der subjektiven Perspektive der verschiedenen Figuren als auch von außen aus dem objektiven Lebenszusammenhang heraus, der sie hervorgebracht hat, in dem sie stehen und in den sie hineinwirken, zu begreifen. (Scheller, Szenische Interpretation, S. 9). Der WOYZECK bietet sich durch seinen fragmentarischen Charakter, durch seine *offene* Form in der Gestaltung und durch die weitgehende Aussparung von Regieanweisungen zu einer solchen szenischen Interpretation an, wobei sich die Einfühlung zum einen auf das sinnlich Wahrnehmbare richtet bzw. es konkretisieren muss (wie Räume, Gegenstände, Menschen), zum anderen dem psychischen Erleben der Figuren zuwendet, das die physischen Handlungen motiviert und rechtfertigt. Die Erschließung der Figuren kann immer wieder durch Rezeptionshandlungen als Rollenspielhandlungen seitens der Schüler erfolgen. Sie können sich die Figuren des Stückes in ihrer jeweiligen Personalität durch Formen des Rollenschreibens, durch Stellungnah-

men, durch Selbstgespräche, Tagebuchschreiben oder Briefeschreiben erschließen. Den besonderen Reiz des Stückes macht dabei die historische und soziale Distanz der Schüler zu den Figuren des WOYZECK aus. Im Erspielen der Figuren, die ein Stück unterdrückter Alltagsgeschichte des 19. Jahrhunderts darstellen, erkunden die Schüler daher auch immer ihre eigene Vergangenheit und Gegenwart, indem sie sich gleichzeitig in Szenen und Rollen mit ihnen fremden, z. T. provozierenden Haltungen konfrontieren und dabei eigene vernachlässigte und vergessene Erlebnisse und Bedürfnisse neu entdecken, wie es Scheller darstellt.

2. Die Behandlung des WOYZECK kann auch von vornherein als *Gerichtsverhandlung* angelegt werden, wobei die Schüler zunächst mit dem *Fall Woyzeck* zu konfrontieren sind, was anhand des Clarus-Gutachtens geschehen kann. Sie wären erst dann mit dem Stück zu konfrontieren. Die Beschäftigung mit dem Stück wäre dabei so anzulegen, dass aus dem Stück selbst die Perspektivierung, die Büchner durch szenisch-theatralische Mittel dem *Fall Woyzeck* abgewinnt, herauszuarbeiten wäre, um im Anschluss daran in einer gespielten fiktiven Gerichtsverhandlung von Verteidigung und Staatsanwaltschaft über Woyzeck Gericht zu halten. Außer Richter, Verteidiger und Staatsanwalt könnten Schüler auch die Rollen von Zeugen ausspielen, wobei solche Figuren wie Andres, Margreth, der Hauptmann oder der Doktor von den Schülern gestaltet werden könnten.

3. Der günstigste Fall für eine Besprechung des WOYZECK wäre natürlich, wenn sie mit dem Besuch einer WOYZECK-Inszenierung verbunden werden könnte. Das Problem ist jedoch, dass es mehr oder weniger vom Zufall abhängig ist, ob der WOYZECK auf der Bühne der eigenen Stadt oder einer nahe gelegenen gerade inszeniert wird. Bei einer solch glücklichen Konstellation wären neben Besuch der Vorstellung und Gesprächen mit Regisseur und Schauspielern vor allem Gespräche angebracht, in denen die eigene Inszenierung des Stückes im Kopf der Schüler mit der gesehenen verglichen und nach der Berechtigung der unterschiedlichen Regiekonzepte gefragt werden müsste.

Man ist jedoch nicht unbedingt darauf angewiesen, eine Inszenierung zufälligerweise am nahe gelegenen Theater anschauen zu können. Wenn man einmal über die nicht unerhebliche Differenz zwischen *Verfilmung* bzw. *Fernsehaufzeichnung* des WOYZECK und Theaterinszenierung hinwegsieht, liegen jederzeit greifbare WOYZECK-Inszenierungen in Filmform oder als Fernsehaufzeichnungen vor. So sendete z. B. das ZDF am 4. 5. 1981 eine von O. Döpke hergestellte Verfilmung des *Falls Woyzeck*. Es handelt sich dabei um eins der vom ZDF vormals gepflegten Dokumentarfernsehspiele, in das Szenen aus Büchners WOYZECK eingebaut waren. Ebenfalls zeichnete das Fernsehen, in diesem Fall der WDR, 3. Programm, die Karge/Langhoff'sche Inszenierung des Bochumer Schauspielhauses auf. Diese und andere vom Fernsehen aufgezeichnete und ausgestrahlte Sendungen könnten in die Besprechung des WOYZECK als eine theaterbezogene Sequenz eingebaut werden. Sollte es jedoch in den Landesfilmbildstellen bzw. -diensten oder in den schuleigenen

Videotheken an entsprechenden Materialien fehlen, könnte man auf direkte Verfilmungen des Büchner-Dramas zurückgreifen. Dies wäre keine Kompensation eines Materialmangels, im Gegenteil, da zwei unterschiedliche Verfilmungen zum WOYZECK inzwischen vorliegen, kann man beide im Vergleich dem Unterricht zugrunde legen und dabei ausgesprochen erhellende, medienbezogene Beobachtungen machen. Es handelt sich um die WOYZECK-Verfilmung R. Noeltes, in der Hans Christian Blech die Hauptrolle spielt; daneben hat sich auch Werner Herzog des WOYZECK (1978/79) angenommen, Büchners Drama verfilmt und die Hauptrolle mit Klaus Kinsky besetzt. Beide Verfilmungen können dahin gehend analysiert werden, wie sie mit der Büchner'schen Vorlage umgehen, welche Textpartien übernommen wurden, welche Ergänzungen zum Text ins Drehbuch eingefügt, welche Streichungen vorgenommen wurden, welches Szenenarrangement getroffen, welcher Schluss gebildet wurde. Da es sich einerseits um einen Schwarzweiß-Film (Noelte), andererseits um einen Farbfilm (Herzog) handelt, wird man die unterschiedliche Wirkung beider Filmmaterialien thematisieren können, die unterschiedliche Besetzung der Figuren durch jeweils andere Schauspielertypen müsste thematisiert werden, der fast kammerspielartige Charakter des Noelte-Films wäre gegen die auch Außenaufnahmen einbauende Verfilmung Herzogs zu halten. Beide Filme werden von unterschiedlichen Tempi bestimmt, verfolgen eine unterschiedliche Schnittpraxis, arbeiten jeweils anders mit der Beleuchtung, der Tongebung, der Kameraeinstellung usw., sodass der Vergleich beider Filme eine ausgezeichnete Grundlage für eine sich der Büchner-Besprechung anschließende medientheoretische Unterrichtsreihe abgäbe.

4.   Wer nicht die erarbeitete Interpretation des WOYZECK mit den hier vorgestellten Inszenierungen oder Verfilmungen konfrontieren will oder wegen nicht verfügbaren Materials nicht konfrontieren kann, sei auf zwei sich im Anhang befindliche Materialien hingewiesen. Es handelt sich um Auszüge aus zwei Texten, die Bezug nehmen auf zwei beachtenswerte WOYZECK-Aufführungen. Bei dem ersten Text handelt es sich um einen größeren Auszug aus Langhoffs Vorüberlegungen zu seiner Bochumer Inszenierung. Der Titel der in *Theater heute* erschienenen Abhandlung zeigt schon den Weg an, den später die Inszenierung nahm: **Die Sehnsucht nach einem Theater des Asozialen.** Woyzeck wird in der Karge/Langhoff'schen Inszenierung nicht mehr die Mittelpunktsfigur eines **sozialen Rührstücks,** sondern Woyzeck wird von Langhoff so angelegt, dass in ihm eine der bürgerlichen Kultur entgegengesetzt entfaltende Kultur Gestalt gewinnt. Er gewinnt seine Kraft aus dem Tier- und Triebhaften, dem Vulgären und betont Asozialen. Der zweite Text ist ein Auszug aus B. Henrichs' Besprechung der Burgtheater-Inszenierung des WOYZECK, in der Achim Freyer Regie führte und das Büchner-Drama als Todesfeier inszenierte.

5.   Wer in seinem Unterricht *produktionsorientierte Verfahren* eingeübt hat und wem die in der Unterrichtssequenz gegebenen Hinweise nicht ausreichen, soll hier noch einige weitere Vorschläge finden:

a) Jede einzelne Szene des *Woyzeck* kann von den Kursteilnehmern angespielt oder szenisch gelesen werden.
b) Das Fragment Büchners kann durch weitere fingierte Dialoge erweitert werden. So ist ein Gespräch zwischen Margreth und einer anderen Nachbarin über Marie vorstellbar. Man könnte die Schüler auch einen Dialog zwischen Hauptmann und Doktor nach Woyzecks Tod schreiben lassen. Ebenfalls könnte sich der Doktor mit einem seiner Studenten über Woyzeck unterhalten, der Tambourmajor könnte sich mit dem Unteroffizier unterhalten, nachdem er Marie verführt hat.

Denkbar wäre auch, dass Marie Woyzeck einen Brief zu schreiben versucht, in dem sie ihre Schuld eingesteht.

Schließlich könnte die Szene **Gerichtsdiener, Arzt, Richter** ausgeschrieben werden.

c) Anhand der Interpretation des *Hessischen Landboten* und des *Woyzeck* könnten unter Berücksichtigung der fünf Briefauszüge, die in der Einleitung wiedergegeben sind, die Schüler einen Steckbrief formulieren, der bewusst als Kontrafaktur zu dem berühmten Steckbrief zu formulieren wäre, mit dem Büchner polizeilich gesucht wurde.

5 Fächerübergreifende Gesichtspunkte

Man kann die Büchner-Unterrichtsreihe fächerübergreifend an folgende thematische Einheiten bzw. Unterrichtsgegenstände anderer Fächer anschließen:
Verbindung zur Musik: Alban Bergs Oper »Wozzek«
Verbindung zur Geschichte: Die Industrialisierung im 19. Jahrhundert in Deutschland/ Pauperismus/ Landflucht/ Arbeiterbewegung/ Soziales Engagement der Kirchen und der Unternehmer
Die Revolutionen von 1830 und 1848 in Deutschland/Der Vormärz
Verbindungen zu Religion/Ethik/Philosophie: Das Konzept der Mitleidsethik (z. B. Schopenhauer) und seine Kritiker (z. B. Brecht)

6 Klausurvorschläge

Der Hessische Landbote

Grundkurs:

Geben Sie Büchners in seinem Brief an die Familie vom 5. 4. 1833 eingenommene Position wieder und setzen Sie sie in Beziehung zum *Hessischen Landboten*. (s. S. 7 f.)

Leistungskurs:

Analysieren Sie den Schluss des *Hessischen Landboten* auf die dort eingenommenen Sprecherrollen, Argumentationsstrategien und verwandten rhetorischen Mittel hin und bestimmen Sie deren jeweilige Funktion. (Ab Abschnitt **Weil das deutsche Reich morsch und faul war,** […])

WOYZECK

Grundkurs:

1. Interpretieren Sie das Märchen der Großmutter und begründen Sie, warum es als Integrationspunkt des Dramas verstanden werden kann.

Grundkurs/Leistungskurs:

2. Interpretieren Sie die Budenszene. Erschließen Sie die Position dieser Szene innerhalb des Handlungsverlaufs und deuten Sie die Szene als Kommentarszene zum ganzen Drama.

3. Interpretieren Sie die Szenensequenz **Die Wachtstube** (10) bis **Nacht** (13).

Beschreiben Sie die Stellung dieser Sequenz innerhalb des Handlungsverlaufs des Stückes. Arbeiten Sie an diesen Szenen für das Stückfragment typische Formelemente heraus.

4. Nehmen Sie Stellung zu Langhoffs Vorschlag, das Stück nicht mehr WOYZECK zu nennen, sondern »Marie. Woyzeck« (s. dazu den Textauszug aus Langhoff: **Die Sehnsucht nach einem Theater des Asozialen: Es gibt von Büchner keinen Titel für sein Stück, und es ist schon recht seltsam, daß alle Herausgeber, Forscher und sonstigen Büchner-Freunde sich ohne Bedenken auf den Mörder Woyzeck als Titelfigur einigten. Ich denke, wäre LEONCE UND LENA auch Fragment geblieben, dieselben Leute hätten das Stück sofort PRINZ LEONCE genannt. Wir haben uns dafür entschieden, einen Büchnerschen Szenentitel als Titel des Stückes zu nehmen:** »Marie. Woyzeck«.)

Leistungskurs:

5. Charakterisieren Sie die Gestalt des Tambourmajors und erläutern Sie seine Position innerhalb der Figurenkonstellation des Dramas.

6. Geben Sie die von Büchner in seiner Vorlesung ÜBER SCHÄDELNERVEN geäußerten Ansichten in eigenen Worten wieder, setzen Sie sie in Beziehung zur Predigt des Handwerksburschen und deuten Sie unter den so gewonnenen Aspekten das WOYZECK-Drama. (Materialien 2)

7 Materialien

Die Clarus-Gutachten (Auszüge)

Material 1

Aus dem 2. Gutachten (1823):

Eine Handlung der strafenden Gerechtigkeit, wie sie der größere Theil der gegenwärtigen Generation hier noch nicht erlebt hat bereitet sich vor. Der Mörder *Woyzeck* erwartet in diesen Tagen, nach dreijähriger Untersuchung, den Lohn seiner That durch die Hand des Scharfrichters. Kalt und gedankenlos kann wohl nur der stumpfsinnige Egoist, und mit roher Schaulust nur der entartete Halbmensch diesem Tage des Gerichts entgegen sehen. Den Gebildeten und Fühlenden ergreift tiefes, banges Mitleid, da er in dem Verbrecher noch immer den Menschen, den ehemaligen Mitbürger und Mitgenossen der Wohlthaten einer gemeinschaftlichen Religion, einer seegensvollen und milden Regierung, und so mancher lokalen Vorzüge und Annehmlichkeiten des hiesigen Aufenthalts erblickt, der, durch ein unstätes, wüstes, gedankenloses und unthätiges Leben von einer Stufe der moralischen Verwilderung zur anderen herabgesunken, endlich im finstern Aufruhr roher Leidenschaften, ein Menschenleben zerstörte, und der nun, ausgestoßen von der Gesellschaft, das seine auf dem Blutgerüste durch Menschenhand verlieren soll.

Aber neben dem Mitleiden und neben dem Gefühl alles dessen, was die Todesstrafe Schreckliches und Widerstrebendes hat, muß sich, wenn es nicht zur kränkenden Empfindelei, oder gar zur Grimasse werden soll, der Gedanke an die ›unverletzliche Heiligkeit des Gesetzes‹ erheben, das zwar, so wie die Menschheit selbst, einer fortschreitenden Milderung und Verbesserung fähig ist, das aber, so lange es besteht, zum Schutz der Throne und der Hütten auf strenger Waage wägen muß, wo es schonen und wo es strafen soll, und das von denen, die ihm dienen, und die als Zeugen, oder als Kunstverständige, um Aufklärung befragt, *Wahrheit* und nicht Gefühle verlangt.

Eine solche Aufklärung ist in *Woyzecks* Kriminalprozeß, als es zweifelhaft geworden war, ›ob er seines Verstandes mächtig‹, und mithin ›zurechnungsfähig sey‹, oder nicht, von mir, als Physikus hiesiger Stadt, erfordert worden, und es ist wohl keinem Zweifel unterworfen, daß die hierdurch veranlaßte Untersuchung seines Seelenzustandes und die Begutachtung desselben einen entscheidenden Einfluß auf sein Schicksal gehabt hat.

Unter diesen Umständen glaubte ich es dem verehrten Publikum, so wie mir selbst, schuldig zu seyn, dieses wichtige Aktenstück, welches ich anfänglich für eine später zu veranstaltende Sammlung wichtiger gerichtsärztlicher Verhandlungen bestimmt hatte, mit Bewilligung der Kriminalbehörde, schon jetzt öffentlich bekannt zu machen, und die zur allgemeinen Übersicht der Sache gehörigen Nachrichten aus den Akten hinzuzufügen.

Jeder gebildete Leser wird aus dieser Schrift nicht nur die ganz eignen Schicksale des Delinquenten, sondern auch die Thatsachen, welche Zweifel an dessen Zurechnungsfähigkeit erregten, und die Gründe, welche *für* die letztere entschieden haben, vollständig kennen lernen. [...]

Mögen daher alle, welche den Unglücklichen zum Tode begleiten, oder Zeugen desselben seyn werden, das Mitgefühl, welches der Verbrecher als Mensch verdient, mit der Ueberzeugung verbinden, daß das Gesetz, zur Ordnung des Ganzen, auch gehandhabt werden müsse, und daß die Gerechtigkeit, die das

Material 1

Schwerdt nicht umsonst trägt, Gottes Dienerin ist. – Mögen Lehrer und Prediger, und alle Diejenigen, welche über Anstalten des öffentlichen Unterrichts wachen, ihres hohen Berufs eingedenk, nie vergessen, daß von ihnen eine bessere Gesittung und eine Zeit ausgehen muß, in der es der Weisheit der Regierungen und Gesetzgeber möglich seyn wird, die Strafen noch mehr zu mildern, als es bereits geschehen ist. – Möge die heranwachsende Jugend bei dem Anblicke des blutenden Verbrechers, oder bei dem Gedanken an ihn, sich tief die Wahrheit einprägen, daß Arbeitsscheu, Spiel, Trunkenheit, ungesetzmäßige Befriedigung der Geschlechtslust, und schlechte Gesellschaft, ungeahnet und allmählich zu Verbrechen und zum Blutgerüste führen können. – Mögen endlich alle, mit dem festen Entschlusse, von dieser schauerlichen Handlung zurückkehren: Besser zu *seyn,* damit es besser *werde.*

Leipzig, den 16. August 1824.

Am 21. Juni des Jahres 1821, Abends um halbzehn Uhr, brachte der Friseur Johann Christian Woyzeck, ein und vierzig Jahr alt, der sechs und vierzig jährigen Witwe des verstorbenen Chirurgus Woost, Johannen, Christianen, gebornen Otto'in in dem Hausgange ihrer Wohnung auf der Sandgasse, mit einer abgebrochenen Degenklinge, an welche er desselben Nachmittags einen Griff hatte befestigen lassen, sieben Wunden bei, an denen sie nach wenigen Minuten ihren Geist aufgab, und unter denen eine penetrierende Brustwunde, welche die erste Zwischenrippenschlagader zerschnitten, beide Säcke des Brustfelles durchdrungen, und den niedersteigenden Teil der Aorta, an einem der Kunsthülfe völlig unzugänglichen Orte, durchbohrt hatte, bei der am folgenden Tage unternommenen gerichtlichen Sektion, so wie in dem darüber ausgefertigten Physikatsgutachten (den 2. Juli 1821), für *unbedingt und absolut tödlich* erachtet wurde.

Der Mörder wurde gleich nach vollbrachter Tat ergriffen, bekannte selbige sofort unumwunden, rekognoszierte vor dem Anfange der gerichtlichen Sektion, sowohl das bei ihm gefundene Mordinstrument, als den Leichnam der Ermordeten, und bestätigte die Aussagen der abgehörten Zeugen, so wie seine eigenen, nach allen Umständen bei den summarischen Vernehmungen und im artikulierten Verhöre.

Nachdem bereits die erste Verteidigungsschrift eingereicht worden war (den 16. August 1821), fand sich der Verteidiger, durch eine in auswärtigen öffentlichen Blättern verbreitete Nachricht, daß Woyzeck früher mit periodischem Wahnsinn behaftet gewesen, bewogen, auf eine gerichtsärztliche Untersuchung seines Gemütszustandes anzutragen (am 23. August 1821).

In den dieserhalb mit dem Inquisiten gepflogenen fünf Unterredungen (am 26., 28. und 29. August; und am 3. und 14. September), führte derselbe zwar an, daß er sich schon seit seinem dreißigsten Jahre zuweilen in einem Zustande von Gedankenlosigkeit befunden, und daß ihm bei einer solchen Gelegenheit einmal Jemand gesagt habe: ›du bist verrückt und weißt es nicht‹, zeigte aber in seinen Reden und Antworten, ohne alle Ausnahme, Aufmerksamkeit, Besonnenheit, Überlegung, schnelles Auffassen, richtiges Urteil und ein sehr treues Gedächtnis, dabei aber weder Tücke und Bosheit, noch leidenschaftliche Reizbarkeit oder Vorherrschen irgendeiner Leidenschaft oder Einbildung, desto mehr aber moralische Verwilderung, Abstumpfung gegen natürliche Gefühle, und rohe Gleichgültigkeit, in Rücksicht auf Gegenwart und Zukunft. – Mangel an äußerer und innerer Haltung, kalter Mißmut, Verdruß über sich selbst, Scheu vor dem Blick

Material 1

in sein Inneres, Mangel an Kraft und Willen sich zu erheben, Bewußtsein der Schuld, ohne die Regung, sie durch Darstellung seiner Bewegungsgründe, oder durch irgendeinen Vorwand zu vermindern und zu beschönigen, aber auch ohne sonderliche Reue, ohne Unruhe und Gewissensangst, und gefühlloses Erwarten des Ausganges seines Schicksals waren die Züge, welche seinen *damaligen* Gemütszustand bezeichneten. – Unter diesen Umständen fiel das von mir abgefaßte gerichtsärztliche Gutachten (den 16. Sept. 1821) dahin aus, daß:
1) der von dem Inquisiten (rücksichtlich seiner Gedankenlosigkeit u.s.w.) angeführte Umstand, obgleich zur gesetzmäßigen Vollständigkeit der Untersuchung gehörend, dennoch, weil er vor der Hand noch bloß auf der eigenen Aussage des Inquisiten beruhe, bei der *gegenwärtigen* Begutachtung nicht zu berücksichtigen, und *dieserhalb weitere Bestätigung abzuwarten sei:*
2) die über die gegenwärtige körperliche und geistige Verfassung des Inquisiten angestellten Beobachtungen kein Merkmal an die Hand gäben, welches auf das Dasein eines kranken, die freie Selbstbestimmung und die Zurechnungsfähigkeit aufhebenden Seelenzustandes zu schließen berechtige. [...] Der Inquisit *Woyzeck* stammt von durchaus rechtschaffenen Eltern, die ihren gesunden Verstand bis an ihr Ende behalten, und nie eine Spur von Tiefsinn oder Verstandeszerrüttung gezeigt haben [...] Nachdem er in seinem achten Jahre seiner Mutter, und im dreizehnten Jahre seines Vaters, der sich zwar um seine Erziehung wenig bekümmert, ihn aber nicht hart behandelt, und für seinen Unterricht in der Freischule auf eine, seinem Stande und seinem Vermögen angemessene Weise gesorgt hatte, durch den Tod beraubt worden, hat er die Perückenmacherprofession erlernt, und hierbei zwar seinen ersten Lehrherrn aus eigenem Antriebe verlassen, sich aber nach dem Zeugnisse von Personen, welche ihn damals gekannt haben, bis zu seinem achtzehnten Jahre, wo er sich auf die Wanderschaft begeben, jederzeit sehr gut, ruhig und verständig betragen, und niemals eine Spur von Verstandesverwirrung oder Tiefsinn an sich blicken lassen. Nach sechsjährigen Reisen, auf denen er in Wurzen, Berlin, Breslau, Teplitz und Wittenberg bald als Friseur, bald als Bedienter, konditioniert hat, von welchem Zeitraume aber über seine Aufführung und Gemütsverfassung keine Nachrichten bei den Akten befindlich sind, ist er nach Leipzig zurückgekehrt und hat hier, in Ermangelung anderer Beschäftigung, eine Zeitlang Kupferstiche illuminiert, hierauf im Magazine gearbeitet, und zuletzt wieder eine Bedientenstelle bei dem Kammerrat *Honig* in Barneck angenommen. Während dieser Zeit hat er sich, nach dem Zeugnisse des damaligen Kutschers *Heuß*, der mit ihm täglich zusammen gewesen ist, sehr gut, gesetzt und fleißig betragen, keine Veranlassung zu Klagen gegeben, und keine Spur von Tiefsinn oder Verstandesverrückung an sich bemerken lassen. Ebenso bezeugt die Traugottin, damals Schindelin, mit der er bei dem Wattenmacher Richter zusammengewohnt und Umgang gehabt hat, daß er heitern Gemüts, nicht zänkisch und streitsüchtig, sondern vielmehr recht ruhig, bescheiden und verständig gewesen sei. Da aber diese Person späterhin, als sie bei dem M. Buschendorf in Diensten gewesen, seine Bewerbungen, um derentwillen er fast täglich von Barneck hereingekommen ist, und ihr teils in der Allee, teils im Hause aufgelauert hat, nicht mehr annehmen wollen, hat er ihr nicht nur (nach seiner ihr beschworenen Aussage) einstmals in der Feuerkugel mit den Worten: Höre, Kanaille, du willst mir untreu werden, mehrere Schläge an den Kopf gegeben, weshalb sie ihn auf dem Rathause denunziert hat, sondern auch bald darauf Abends zwischen zehn und eilf Uhr an die Tür ihrer Wohnung in Englers Hause geklopft, und als sie geöffnet, ihr, da sie

Material 1

bloß mit einem Mantel bekleidet gewesen, an die Brust gegriffen, sie auf den Hof zu ziehen gesucht, und ihr dabei (nach ihrer Aussage) mit einem großen Mauersteine, nach seinem Eingeständnisse aber mit der Faust, in der er einen Schlüssel gehabt und in der Absicht ihr eins zu versetzen, oder ihr ein Andenken zu hinterlassen und mit den Worten: Luder, du mußt sterben, zwei Schläge auf den Kopf gegeben und ihr eine Wunde von der Größe eines Kupferdreiers beigebracht, hierauf aber sich entfernt und am folgenden Tage in Gesellschaft seines Stiefbruders Richter, jedoch ohne diesem zu sagen, daß es der Schindelin wegen geschehe, auch ohne daß dieser die geringste Spur von Verstandesverrückung an ihm wahrgenommen hat, Leipzig verlassen. Nach einer mit Richtern über Berlin bis Posen gemachten zehnwöchentlichen Reise, ist er im Jahr 1806 nach der Schlacht bei Jena zu Grabow im Mecklenburgischen in Holländische, sodann, nachdem er am 7. April 1807 vor Stralsund von den Schweden gefangen und nach Stockholm transportiert worden, in Schwedische, hierauf als nach dem Feldzuge in Finnland und der Entthronung Gustavs IV. sein Regiment nach Stralsund versetzt und allda von den Franzosen entwaffnet worden, in Mecklenburgische, nach dem Feldzuge in Rußland durch Desertion wieder in Schwedische und zuletzt nach der Abtretung von Schwedisch-Pommern, in Preußische Kriegsdienste getreten, aus denen er im Jahr 1818 seinen Abschied erhalten hat. Über seine Aufführung und seinen Gemütszustand während dieses Zeitraums von 12 Jahren sind keine Zeugnisse bei den Akten vorhanden, er selbst aber versicherte bei den Unterredungen, welche ich im Monat August 1821 mit ihm gehabt und in denen ich ihn aufs genaueste nach allen seinen Lebensumständen gefragt habe, daß er es überall sehr gut gehabt, sich zur Zufriedenheit seiner Oberen aufgeführt, sich nicht in Duelle und Schlägereien eingelassen, noch weniger aber heimlichen Groll genährt, Vergnügungen und Zerstreuungen nicht sonderlich geliebt, sich am liebsten in seinen Nebenstunden mit Versuchen in allerlei mechanischen Arbeiten, z. B. mit Erlernung der Papp- und Schneiderarbeit beschäftigt, und den Umgang mit dem weiblichen Geschlecht zwar nicht gesucht, aber auch die Gelegenheit dazu nicht verschmäht, sich aber immer mehr zu einer Person gehalten habe, wobei es ihm ziemlich gleichgültig gewesen sei, ob diese mit mehreren zu tun gehabt, oder nicht. Ausführlicher, und diesen frühern Aussagen zum Teil widersprechend, gibt er bei seinen neuen Vernehmungen an, daß er im Jahre 1810 Umgang mit einer ledigen Weibsperson, der *Wienbergin,* gehabt, mit dieser ein Kind gezeugt, während der Zeit, als er bei den Mecklenburgischen Truppen gestanden, auf die Nachricht, daß sich diese Person unterdessen mit andern abgebe, zuerst eine Veränderung in seinem Gemütszustande bemerkt, dieserhalb sich wieder zu den Schweden begeben, und den frühern Umgang mit ihr fortgesetzt habe. Diese Veränderung habe sich dadurch geäußert, daß er ganz still geworden und von seinen Kameraden deshalb oft vexiert worden sei, ohne sich ändern zu können, so daß er, ob er gleich seine Gedanken möglichst auf das zu richten gesucht, was er gerade vorgehabt, es nichts destoweniger verkehrt gemacht habe, weil ihm zuweilen auf halbe Stunden lang, oft auch nur kürzere Zeit, *die Gedanken vergangen seien.* Mit dieser Gedankenlosigkeit habe sich späterhin, in Stettin, ein Groll gegen einzelne Personen verbunden, so daß er, gegen alle Menschen überhaupt erbittert, sich von ihnen zurückgezogen habe und deswegen oft ins Freie gelaufen sei. Überdies habe er beunruhigende Träume von Freimaurern gehabt und sie mit seinen Begegnissen in Beziehung gebracht. Als er eines Nachmittags mit seinen Kameraden in einer Stube gewesen, habe er Fußtritte vor derselben gehört, ohne diesfalls etwas ent-

Material 1

decken zu können, und es für einen Geist gehalten, weil ihm einige Tage vorher von einem solchen geträumt habe. Seine Unruhe habe fortgedauert, als er von Stettin nach Schweidnitz und Graudenz in Garnison gekommen sei, und er habe, als ihm ein Traum die Erkennungszeichen der Freimaurer offenbart, geglaubt, daß ihm diese Wissenschaft gefährlich werden könne, und daß er von den Freimaurern verfolgt werde. Auch habe er am letzten Orte einmal des Abends am Schloßberge eine Erscheinung gehabt und Glockengeläute gehört, ein andermal aber habe ihm des Nachts auf dem Kirchhofe jemand, den er nicht gewahren können, mit barscher Stimme einen guten Morgen geboten. […] Vom Februar 1819 bis zu Johannis 1820 bei der Stiefmutter der *Woostin*, der Witwe *Knoblochin* in dem Hause des Gelbgießers *Warnecke*, in welchem dessen Pächter *Jordan* eine Schenkwirtschaft treibt; wo er bald auf den Wollboden des Herrn Knobloch gearbeitet, bald auf Empfehlung der Knoblochin bei dem Buchbinder *Wehner* in Volkmarsdorf Papparbeit gemacht, bald für den Buchhändler *Klein* illuminiert, auch während dieser Zeit dem Buchhalter Herrn Lang und dem Hrn. M. *Gebhard*, ingleichen während der Messe den Fremden *Benedix* bedient hat. Nach dem Zeugnisse dieser Person und namentlich *Warneckes, Jordans, Wehners*, Hrn. *Langs* und Hrn. M. *Gebhards* hat er sich auch in dieser Zeit sehr verständig, still und bescheiden betragen, die ihm erteilten Aufträge zu ihrer Zufriedenheit besorgt, auch keine Merkmale von Tiefsinn oder Verstandesverrückung, und überhaupt nichts auffallendes in seinem Benehmen blicken lassen. Mehrere derselben, nämlich Warnecke und Wehner, haben bemerkt, daß er den Branntwein geliebt und manchmal zu viel getrunken habe, auch hat die Knoblochin darüber gegen Jordan geklagt.

Letztere sagt übrigens, daß *Woyzeck* mit ihrer Tochter Umgang gehabt, aber wegen ihres häufigen Umganges mit Soldaten Eifersucht gefaßt, die *Woostin* mehreremale gemißhandelt und so viel Lärm und Unruhe gemacht habe, daß sie ihm auf Warneckes Verlangen das Logis aufsagen müssen. […]

Aus Mangel an hinreichender Beschäftigung scheint Woyzeck zu Anfang des Winters 1820 den Entschluß gefaßt zu haben, Stadtsoldat zu werden, daher ihn der Feldwebel von gedachter Garnison bei dem Unteroffizier *Pfeiffer* untergebracht hat, wo er bis Weihnachten dieses Jahres geblieben, aber weil sein Abschied nicht richtig gewesen, bei der Garnison nicht angenommen worden ist. Hier hat er mit dem Tambour *Vitzthum* einige Wochen lang in einem Bette geschlafen und sich mit Illuminieren für Herrn Klein beschäftigt, aber auch Vitzthumen mehrere Kleinigkeiten, und darunter einen Degen mit Scheide, entwendet, solche aber, sobald sie dieser wieder verlangt, zurückerstattet. […]

Um diese Zeit ist er auch noch in Warneckes Hause aus- und eingegangen, hat der dort wohnenden Woostin hinter der Türe aufgelauert, und dabei öfters, meinend, es sei diese, eine andere Weibsperson, unter andern eines Abends die Frau des Lohnbedienten Marschall an der Haustüre angehalten, als er aber seinen Irrtum bemerkt, gesagt: Ach verzeihen sie, ich habe Sie verkannt, und sie nachher ruhig gehen lassen. An demselben Abend hat er der Woostin auf der Treppe aufgelauert, und auf ihre Weigerung, mit ihm spazieren zu gehen, sie mit der Hand, in der er die Scherben eines zerbrochenen Topfes gehabt, blutrünstig geschlagen, ist aber deshalb von den dazu gekommenen Personen festgenommen und hierauf mit 8tägigem Arrest bestraft worden, bei welcher Gelegenheit an ihm keine Spur einer besondern Unruhe, Zerstreuung oder Gedankenlosigkeit wahrgenommen worden ist. […]

Material 1

Endlich hat er bis ungefähr zum 20. Mai 1821 bei der um diese Zeit verstorbenen *Wittigin* im schwarzen Brette eine Bettstelle gehabt. Er selbst versichert, daß er auch hier Stimmen vernommen habe. Dahin gehört seine Erzählung, daß es ihm, als er einen zerbrochenen Degen gekauft, zugerufen habe:
Stich die Frau Woostin tot!
wobei er gedacht: Das tust du nicht, die Stimme aber erwidert habe:
Du tust es doch!
Um dieselbe Zeit hat er die Woostin in der Allee von Bosens Garten, auf ihre Weigerung, mit ihm zu gehen, mit der Faust ins Gesicht geschlagen, wovon ihr dasselbe aufgeschwollen und mit Blut unterlaufen ist, und kurz nachher, als er sie mit seinem Nebenbuhler auf dem Tanzboden getroffen, sie die Treppe hinunter geworfen, und auf der Straße einen Stein aufgehoben, um damit nach ihr zu werfen, diesen aber wieder fallen lassen. [...]
Von dem Tode der Wittigin an, hat er sich bis zur Ausführung seiner Tat, acht bis vierzehn Tage lang im Freien herumgetrieben und von Unterstützungen guter Menschen gelebt, die er aber schriftlich gebeten zu haben vorgibt, weil er seine Bitten mündlich vorzutragen unvermögend gewesen und dabei zuweilen in Verlegenheit gekommen sei. Übrigens erhellet aus den Akten, daß die Woostin, ungeachtet ihres offnen Umgangs mit einem Andern, dennoch auch den Umgang mit Woyzeck, keineswegs gänzlich abgebrochen, ihm sogar noch in der Ostermesse d. J. den vertrautesten Umgang gestattet; ein andermal, als er ihr in Begleitung der Böttnerin begegnet, ihn etwas zurückweisend behandelt, dennoch ihm auf den Tag, wo die Mordtat vorgefallen, auf der Funkenburg eine Zusammenkunft versprochen, ihm aber nicht Wort gehalten, sondern mit dem Soldaten Böttcher einen Spaziergang gemacht hat: daß Woyzecks Gedanken indessen immer mit der Woostin und ihrer Untreue beschäftigt gewesen, daß er, nachdem er sie am Morgen desselben Tags unter einem erdichteten Vorwande zu sprechen gesucht, den übrigen Teil des Tages unbeschäftigt herumgelaufen, auch auf der Funkenburg gewesen, aber weil er geglaubt, sie komme doch nicht, nur ein paarmal hin und her gegangen [...] daß er ferner gegen Abend, *in der Absicht, die Woostin damit zu erstechen*, die Degenklinge in ein Heft stoßen lassen, und als er hierauf der Woostin zufällig begegnet und von ihr erfahren, daß sie nicht auf der Funkenburg gewesen, sie nach Hause begleitet, auf diesem Wege an seinen Vorsatz nicht wieder gedacht, in der Hausflur des Hauses aber, wo die Woostin gewohnt, und als ihm diese etwas gesagt, wodurch er in Zorn geraten, die Tat vollzogen, nach vollbrachter Tat sich im Geschwindschritt entfernt, bei seiner Verhaftung den Dolch wegzuwerfen gesucht, und gleich nachher, als ihm auf seine Frage, ob die Woostin tot sei, niemand geantwortet, gesagt hat: Gott gebe nur, daß sie tot ist, sie hat es um mich verdient! [...]
Da er nun immer mehr vexiert worden sei, da er auch von den Offizieren mancherlei unverdiente Kränkungen habe erfahren müssen, und sich zugleich seiner beabsichtigten Heirat immer mehr Schwierigkeiten in den Weg gestellt hätten, so habe sich Groll, Bitterkeit und Mißtrauen gegen die Menschen überhaupt eingefunden. Er habe sich immer zwingen müssen, freundlich gegen die Menschen zu sein, und es sei ihm gewesen, als ob ihn alle für den Narren halten wollten. Daher sei er sehr empfindlich geworden, so daß ihn das Geringste habe aufbringen können. Bei geringeren Veranlassungen zum Unwillen habe er am ganzen Körper gezittert, aber dabei noch immer an sich halten können; bei stärkern Anreizungen aber sei ihm der Zorn in den Kopf und vor die Stirne gefahren, und habe

ihn dergestalt überwältigt, daß er seiner nicht mehr mächtig gewesen. Namentlich habe er diese Abstufungen des Zornes bei seinen Zänkereien mit der Woostin wahrgenommen, und sich bei Verübung der Mordtat in einem solchen Zustande von Überwältigung befunden, daß er darauf losgestochen habe, ohne zu wissen, was er tue. – Zuweilen sei es ihm dabei gewesen, als ob er eine Force habe, um alles zerreißen zu können, und als ob er die Leute auf der Gasse mit dem Kopfe zusammenstoßen müsse, ob sie ihm gleich nichts zu Leide getan. Übrigens habe er einen Gedanken, den er einmal gefaßt habe, nicht leicht wieder los werden können, besonders unangenehme Vorstellungen, und dabei öfters lange hinter einander immer auf einen einzigen Gegenstand hingedacht, bis ihm zuletzt ganz die Gedanken vergangen seien und er gar nicht mehr habe denken können. Dieses sei der Zustand der Gedankenlosigkeit gewesen, den er einigemal erwähnt habe, und der von ihm gewichen sei, wenn er die Gedanken auf einen andern Gegenstand gerichtet habe. Inzwischen habe ihn alles dieses nicht gehindert, alle seine Geschäfte ordentlich zu verrichten, und so habe er z. B. in diesem Zustand beim Regiment den Dienst eines Gefreiten, der ihm eigentlich nicht zugekommen, und wobei öfters zu schreiben gewesen, ohne Anstoß versehen. Sein ganzes Unglück aber sei eigentlich gewesen, daß er die *Wienbergin* habe sitzen lassen, da ihm doch seine Offiziers späterhin zu dem Trauschein hätten behülflich sein wollen. Bloß dadurch, daß er hierzu keine Anstalten gemacht, sei sein vorher guter Charakter verbittert worden, weil es nun einmal vorbei gewesen sei, und er es nicht wieder habe gut machen können. Der Gedanke an sein Kind und an diese von ihm verlassene Person sei ganz allein die Ursache seiner beständigen Unruhe geworden, und daß er nie habe einig mit sich selbst werden können. Späterhin habe er sich auch Vorwürfe wegen seines Umgangs mit der Woostin gemacht, da er doch eigentlich die Wienbergin habe heiraten sollen. Er habe sich daher auch geärgert, wenn die Leute von ihm gesagt hätten, daß er ein guter Mensch sei, weil er gefühlt habe, daß er es nicht sei. – […]
Er habe von jeher an die Bedeutung der Träume geglaubt und sie nach seiner Art auszulegen versucht, wobei vieles zugetroffen habe. Vor Gespenstern habe er sich zwar eigentlich nie gefürchtet; allein da es doch Geister gäbe, so glaube er, daß diese durch Gottes Schickung auf die Menschen wirken und in ihnen allerhand Veränderungen hervor bringen könnten. Da ihm nun verschiedene Male in seinem Leben Dinge begegnet seien, die er sich aus dem gewöhnlichen Laufe der Natur nicht habe erklären können, so sei er auf den Gedanken gekommen, daß Gott sich auch ihm auf diese Weise habe offenbaren wollen, und sollte dies auch nicht der Fall gewesen sein, so könne er sich doch nicht überzeugen, daß diese Dinge bloß in seiner Einbildung beruht haben sollten. – Zugleich gestand er auf Befragen, er habe die Gewohnheit gehabt, bald *heimlich*, bald, wenn er allein gewesen, *laut* mit sich selbst zu sprechen und dabei Gestikulationen zu machen, oder wie er sich ausdrückte, allerhand bei sich *auszufechten*. Schon auf seinen Wanderungen habe er von reisenden Handwerksburschen allerhand nachteilige Gerüchte über die *Freimaurer* gehört, unter anderem, daß sie durch heimliche Künste, zu denen sie nichts als eine Nadel brauchten, einen Menschen ums Leben bringen könnten. Er habe dieses damals nicht geglaubt, glaube es auch jetzt nicht mehr, allein er habe sich doch immer mit diesem Gedanken beschäftigt und sich allerhand Vorstellungen gemacht, woran sich wohl die Freimaurer unter einander erkennen möchten. Da habe ihm einmal geträumt: er sehe drei feurige Gesichter am Himmel, von denen das mittlere das größte gewesen. Er habe

Material 1

Material 1

diese drei Gesichter auf die Dreieinigkeit bezogen und das mittlere auf Christus, weil diese die größte Person in der Gottheit sei. Zugleich habe er gedacht, daß in dieser Zahl auch das Geheimnis der Freimaurer liegen könne, das ihm auf diese Art offenbart werden solle, und habe sich eingebildet, daß das Aufheben dreier Finger das Freimaurerzeichen sei. [...]
Seine Eifersucht gegen die Woostin schreibe sich von der Zeit her, wo er bei dem Stadtsoldaten *Pfeiffer* gewohnt habe. Als in Gohlis die Kirmes gewesen, habe er Abends im Bette gelegen und an die Woostin gedacht, daß diese wohl dort mit einem anderen zu Tanze sein könne. Da sei es ihm ganz eigen gewesen, als ob er die Tanzmusik, Violinen und Bässe durcheinander, höre, und dazu im Takte die Worte: ›Immer drauf, immer drauf!‹ Kurz vorher habe ihm von Musikanten geträumt, und das habe ihm immer was übles bedeutet. Am andern Tage habe er gehört, daß die Woostin wirklich mit einem andern in Gohlis gewesen sei und sich lustig gemacht habe!
In Ansehung der Ereignisse von der Neujahrs- bis zur Ostermesse des Jahres 1821, ingleichen der Vergehungen, die er sich während dieser Zeit zu verschiedenen Malen gegen die Woostin erlaubt hat, blieb er ganz bei seinen in den Verhören erstatteten Aussagen stehen, und versicherte, daß er zu denselben bloß durch Eifersucht, wozu ihm diese Person häufig Gelegenheit gegeben, keineswegs aber durch die Stimmen, die sich um ihn vernehmen lassen, veranlaßt und gereizt worden sei. Überhaupt habe sie ihn schon lange vorher für den Narren gehabt, ihm manchmal schnöde begegnet, ihm einmal, als er beleidigt von ihr gegangen, zum Fenster heraus nachgerufen: ›Du kannst abkommen‹, und ihn überhaupt wegen seiner Armut verachtet, dennoch aber sich manchmal wieder mit ihm abgegeben. Während er bei der Wittigin gewohnt habe, sei es ihm einmal, als die Woostin vor dem grimmaischen Tore von ihm Abschied genommen und ihm noch aus der Entfernung dreimal ›Leb' wohl!‹ zugerufen habe, gewesen, als ob eine Stimme zu ihm sage: ›Sie will nichts von dir wissen.‹ – Die Stimme: ›Stich die Frau Woostin tot!‹ habe er auf der Treppe nach seinem Logis gehört, als er eben die Degenklinge gekauft gehabt, und sie mit dem Gedanken besehen habe, daß sich daraus müßten hübsche Messer machen lassen. Übrigens habe er, wie er *wiederholt*, und in *mehreren Unterredungen* versicherte, diese Stimme nur dieses einzige Mal und nachher *nie* wieder gehört, auch seien in den acht Tagen vor der Mordtat, wo er herberglos herumgelaufen, und weil er kein Geld gehabt, weniger Schnaps getrunken habe, die Beängstigungen geringer und die Stimmen seltner gewesen. Am Tage der Mordtat selbst aber habe er *gar keine* Beängstigungen gehabt und *gar keine* Stimmen gehört, auch an die Stimme, die ihn aufgefordert, die Woostin zu erstechen, gar nicht gedacht, wohl aber habe der Gedanke, die Woostin zu erstechen, ihn von jenem Augenblick an unablässig verfolgt, sei jedoch immer nur ein Übergang und gleich wieder vorbei gewesen, auch habe er, um ihn los zu werden, den Degen in den Teich vor dem grimmaischen Tore werfen wollen. Was die Ereignisse des Tages betrifft, an dem die Mordtat geschehen ist, so versichert er zwar fortwährend, daß ihm davon nur ein dunkles Andenken geblieben sei. Dennoch erinnerte er sich nicht nur vollkommen deutlich an die Hauptumstände: nämlich daß er schon am Morgen dieses Tages die Woostin unter einem falschen Vorwand aufgesucht, den ganzen Tag herumgelaufen, die Degenklinge, in der Absicht zu morden, abgeholt, und den Griff daran befestigt, die Woostin, der er vor dem Peterstore zufällig begegnet sei, nach Hause begleitet und ihr in der Hausflur mehrere Stiche beigebracht habe; sondern er fügte auch

noch *ungefragt* mehrere, bei den Akten noch nicht erwähnte Umstände hinzu, nämlich daß er am Mittage dieses Tages bei Herrn *Lacarriere* gewesen sei, ihm das nachher gefundene Bittschreiben überreicht, von ihm acht Groschen Almosen unter Zurückgabe des Briefes erhalten, und dafür sich zu essen habe geben lassen; ferner, daß er, als ihm die Woostin begegnet, sich zwar anfänglich gefreut habe, daß aber diese Freude bald vorbei gewesen sei, als er gemerkt, daß sie seine Begleitung nicht gerne sehe, aus Furcht, sein Nebenbuhler möchte sie mit ihm gehen sehen; weshalb er auch mehr ihr zum Tort noch mitgegangen sei; endlich: daß ihm die Woostin, als sie miteinander ins Haus getreten, die Worte gesagt habe: ›Ich weiß gar nicht, was du willst! so geh doch nur nach Hause! Wenn nun mein Wirt raus kommt.‹ Diese Worte hätten ihn geärgert, und da habe ihn der Gedanke an das Messer und an seinen Vorsatz plötzlich wieder mit aller Macht ergriffen, und ihn mit einem Male dergestalt überwältigt, daß er darauf zugestoßen habe, ohne zu wissen, was er tue. Als er nach der Tat über den Roßplatz gegangen, sei ihm der Gedanke in den Kopf gekommen, sich zu erstechen, und er habe es bloß deshalb unterlassen, weil zu viel Leute dagewesen seien, würde sich aber, wenn er nicht arretiert worden wäre, sicherlich noch in derselben Nacht und mit dem nämlichen Instrumente das Leben genommen haben […]

Aus dem 1. Gutachten (1821):
[…] Eben so wenig läßt sich aus seinem Benehmen bei den Untersuchungen, aus den Empfindungen, die er äußert, und aus seiner Gedankenfolge nachweisen, daß irgend eine Leidenschaft, Gefühl oder Phantasie sein *Gemüt* beherrsche, und ihm die wirkliche Welt unter falschen Formen, Verhältnissen und Beziehungen vorspiegele. Endlich gibt sich auch in den Äußerungen des Inquisiten und in seinem ganzen Wesen auf keinerlei Art ein hoher Grad von Reizbarkeit des Temperaments, von Ungestüm und körperlicher Aufregung, oder von Störrigkeit, Tücke und Bosheit zu erkennen, um daraus mit nur einiger Wahrscheinlichkeit den Schluß ziehen zu können, daß er zu denjenigen gehöre, welche, ohne zu ihrem *Bewußtsein,* oder in ihren *Begriffen* gestört zu sein, dennoch in ihren *Handlungen* einem unwillkürlichen, blinden und wütenden *Antriebe* folgen, welcher alle Selbstbestimmung aufhebt. Dagegen finden sich bei ihm desto deutlicher die Kennzeichen von moralischer Verwilderung, von Abstumpfung gegen natürliche Gefühle und von Gleichgültigkeit in Rücksicht der Gegenwart und Zukunft. Die Spuren religiöser Empfindung, die er zuweilen äußert, wenn er dazu angeregt wird, sind viel zu schwach, frostig und vorübergehend, um ihnen einen Einfluß auf Gesinnungen und Handlungen zugestehen zu können, besonders in Ermangelung der äußeren Rücksichten und Antriebe, durch welche oft rohe und ungebildete Menschen, auch bei schlaffen, oder fehlenden, moralischen und religiösen Grundsätzen in den Schranken der bürgerlichen Ordnung bewahrt werden.
So fehlt es dem Leben dieses Menschen an innerer und äußerer Haltung, und kalter Mißmut, Verdruß über sich selbst, Scheu vor dem Blick in sein Inneres, Mangel an Kraft und Willen sich zu erheben, Bewußtsein der Schuld, ohne die Regung, sie durch Darstellung seiner Bewegungsgründe, oder durch irgend einen Vorwand zu vermindern und zu beschönigen, aber auch ohne sonderliche Reue, ohne Unruhe und Gewissensangst und gefühlloses Erwarten des Ausganges seines Schicksals, dies sind die Züge, welche den *gegenwärtigen* Gemütszustand desselben bezeichnen.

Material 1

Material 1

Hieraus erhellet:

1. daß die sub I. angeführten Umstände, ob sie gleich zur gesetzmäßigen Vollständigkeit der mir übertragenen Untersuchung gehören, dennoch, in sofern sie auf keinem andern Zeugnisse, als auf den Aussagen des Inquisiten, beruhen, bei der *gegenwärtigen Begutachtung* seines Gemütszustandes nicht berücksichtigt werden können, und daß mithin, was insonderheit dessen Vorgeben, als habe er sich von Zeit zu Zeit in einem gedankenlosen Zustande befunden, anlangt, die weitere Bestätigung abzuwarten sei;
2. daß die sub II. dargestellten Beobachtungen über die gegenwärtige körperliche und geistige Verfassung des Inquisiten kein Merkmal an die Hand geben, welches auf das Dasein eines kranken, die freie Selbstbestimmung und die Zurechnungsfähigkeit aufhebenden Seelenzustandes zu schließen berechtige.

(aus: Clarus, Dr. Johann Christian August: Die Zurechnungsfähigkeit des Mörders Johann Christian Woyzeck nach Grundsätzen der Staatsarzneikunde aktenmäßig erwiesen. In: Georg Büchner: Sämtliche Werke und Briefe. Historisch-kritische Ausgabe mit Kommentar. Hrsg. von Werner R. Lehmann, Bd. 1. München: Hanser 1974, 2. Aufl. 487–492, 494–497, 500–503, 508–510, 514–516, 547–548)

Material 2

GEORG BÜCHNER: Über Schädelnerven.
Probevorlesung, gehalten in Zürich 1836 (Auszug)

Hochgeachtete Zuhörer!

Es treten uns auf dem Gebiete der physiologischen und anatomischen Wissenschaften zwei sich gegenüberstehende Grundansichten entgegen, die sogar ein nationales Gepräge tragen, indem die eine in England und Frankreich, die andere in Deutschland überwiegt. Die erste betrachtet alle Erscheinungen des organischen Lebens vom *teleologischen* Standpunkt aus; sie findet die Lösung des Rätsels in dem Zweck der Wirkung, in dem Nutzen der Verrichtung eines Organs. Sie kennt das Individuum nur als etwas, das einen Zweck außer sich erreichen soll, und nur in seiner Bestrebung, sich der Außenwelt gegenüber teils als Individuum, teils als Art zu behaupten. Jeder Organismus ist für sie eine verwickelte Maschine, mit den künstlichen Mitteln versehen, sich bis auf einen gewissen Punkt zu erhalten. Das Enthüllen der schönsten und reinsten Formen im Menschen, die Vollkommenheit der edelsten Organe, in denen die Psyche fast den Stoff zu durchbrechen und sich hinter den leichtesten Schleiern zu bewegen scheint, ist für sie nur das Maximum einer solchen Maschine. Sie macht den Schädel zu einem künstlichen Gewölbe mit Strebepfeilern, bestimmt, seinen Bewohner, das Gehirn, zu schützen, – Wangen und Lippen zu einem Kau- und Respirationsapparat, – das Auge zu einem komplizierten Glase, – die Augenlider und Wimpern zu dessen Vorhängen; – ja die Träne ist nur der Wassertropfen, welcher es feucht erhält. Man sieht, es ist ein weiter Sprung von da bis zu dem Enthusiasmus, mit dem Lavater sich glücklich preist, daß er von so was Göttlichem, wie den Lippen, reden dürfe.

Die teleologische Methode bewegt sich in einem ewigen Zirkel, indem sie die Wirkungen der Organe als Zwecke voraussetzt. Sie sagt zum Beispiel: soll das Auge seine Funktion versehen, so muß die Hornhaut feucht erhalten werden, und somit ist eine Tränendrüse nötig. Diese ist also vorhanden, damit das Auge feucht erhalten werde, und somit ist das Auftreten dieses Organs erklärt, es gibt nichts weiter zu fragen, die entgegengesetzte Ansicht sagt dagegen: die Tränendrüse ist nicht da, damit das Auge feucht werde, sondern das Auge wird feucht, weil eine Tränendrüse da ist, oder um ein anderes Beispiel zu geben, wir haben nicht Hände, damit wir greifen können, sondern wir greifen, weil wir Hände haben. Die *größtmöglichste Zweckmäßigkeit* ist das einzige Gesetz der teleologischen Methode; nun fragt man aber natürlich nach dem Zwecke dieses Zweckes, und so macht sie auch ebenso natürlich bei jeder Frage einen progressus in infinitum.

Die Natur handelt nicht nach Zwecken, sie reibt sich nicht in einer unendlichen Reihe von Zwecken auf, von denen der eine den anderen bedingt, sondern sie ist in allen ihren Äußerungen sich unmittelbar *selbst genug*. Alles, was ist, ist um seiner selbst willen da. Das Gesetz dieses Seins zu suchen, ist das Ziel der der teleologischen gegenüberstehenden Ansicht, die ich die *philosophische* nennen will. Alles, was für *jene* Zwecke ist, wird für *diese* Wirkung. Wo die teleologische Schule mit ihrer Antwort fertig ist, fängt die Frage für die philosophische an. Diese Frage, die uns auf allen Punkten anredet, kann ihre Antwort nur in einem Grundgesetze für die gesamte Organisation finden, und so wird für die philosophische Methode das ganze körperliche Dasein des Individuums nicht zu seiner eigenen Erhaltung aufgebracht, sondern es wird die Manifestation eines Urgesetzes, eines Gesetzes der Schönheit, das nach den einfachsten Rissen und Linien die höchsten und reinsten Formen hervorbringt. Alles, Form und Stoff, ist für sie an dies Gesetz gebunden. Alle Funktionen sind Wirkungen desselben, sie werden durch keine äußeren Zwecke bestimmt, und ihr sogenanntes zweckmäßiges Aufeinander- und Zusammenwirken ist nichts weiter, als die notwendige Harmonie in den Äußerungen eines und desselben Gesetzes, dessen Wirkungen sich natürlich nicht gegenseitig zerstören.

Die Frage nach einem solchen Gesetze führte von selbst zu den zwei Quellen der Erkenntnis, aus denen der Enthusiasmus des absoluten Wissens sich von je berauscht hat, der Anschauung des Mystikers und dem Dogmatismus der Vernunftphilosophen. Daß es bis jetzt gelungen sei, zwischen letzterem und dem Naturleben, das wir unmittelbar wahrnehmen, eine Brücke zu schlagen, muß die Kritik verneinen. Die Philosophie a priori sitzt noch in einer trostlosen Wüste; sie hat einen weiten Weg zwischen sich und dem frischen grünen Leben, und es ist eine große Frage, ob sie ihn je zurücklegen wird. Bei den geistreichen Versuchen, die sie gemacht hat, weiter zu kommen, muß sie sich mit der Resignation begnügen, bei dem Streben handle es sich nicht um die Erreichung des Ziels, sondern um das Streben selbst [...]

(aus: Georg Büchner: Sämtliche Werke und Briefe. Historisch-kritische Ausgabe mit Kommentar. Hrsg. von Werner R. Lehmann, Bd. 2. München: Hanser 1972, 291–293)

GRIMM: Kinder- und Hausmärchen

Die Sterntaler

Es war einmal ein kleines Mädchen, dem war Vater und Mutter gestorben, und es war so arm, daß es kein Kämmerchen mehr hatte, darin zu wohnen, und kein Bettchen mehr, darin zu schlafen, und endlich gar nichts mehr als die Kleider auf dem Leib und ein Stückchen Brot in der Hand, das ihm ein mitleidiges Herz geschenkt hatte. Es war aber gut und fromm. Und weil es so von aller Welt verlas-

Material 3

sen war, ging es im Vertrauen auf den lieben Gott hinaus ins Feld. Da begegnete ihm ein armer Mann, der sprach: ›ach, gib mir etwas zu essen, ich bin so hungrig.‹ Es reichte ihm das ganze Stückchen Brot und sagte: ›Gott segne dir's‹, und ging weiter. Da kam ein Kind, das jammerte und sprach: ›es friert mich so an meinem Kopfe, schenk mir etwas, womit ich ihn bedecken kann.‹ Da tat es seine Mütze ab und gab sie ihm. Und als es noch eine Weile gegangen war, kam wieder ein Kind und hatte kein Leibchen an und fror, da gab es ihm seins: und noch weiter, da bat eins um ein Röcklein, das gab es auch von sich hin. Endlich gelangte es in einen Wald, und es war schon dunkel geworden, da kam noch eins und bat um ein Hemdlein, und das fromme Mädchen dachte: ›es ist dunkle Nacht, da sieht dich niemand, du kannst wohl dein Hemd weggeben‹, und zog das Hemd ab und gab es auch noch hin. Und wie es so stand und gar nichts mehr hatte, fielen auf einmal die Sterne vom Himmel und waren lauter harte blanke Taler: und ob es gleich sein Hemdlein weggegeben, so hatte es ein neues an, und das war vom allerfeinsten Linnen. Da sammelte es sich die Taler hinein und war reich für sein Lebtag.

(aus: Kinder- und Hausmärchen, gesammelt durch die Brüder Grimm, in drei Bänden; Bd. 3. Frankfurt: Insel 1974, 75 f.)

Material 4

MATTHIAS LANGHOFF: Die Sehnsucht nach einem Theater des Asozialen

[...]
Revolutionäre Ideologen, sozialistische Reformer, Demokraten, ja sogar völkische Erneuerer sind fasziniert von einer pamphlethaften Eindeutigkeit, die sie sich in ihrem Sinn jeweils zu deuten berechtigt glauben. Nur wenige Werke der Literatur wurden mit soviel Erfolg so unnachgiebig wie der Büchnersche *Woyzeck* mißhandelt. Die Verunstaltung des Büchnerschen Textes hängt zusammen mit der sozialen Funktion des Theaters oder genauer mit dessen Einordnung im sozialen Gefälle. Da jede soziale Schicht aus ihren eigenen Erfahrungen ihre eigene Kultur und ihr eigenes Weltverständnis entwickelt, liegt es vielleicht daran, daß die Woyzecks und Maries bis auf den heutigen Tag als Produzenten von Kultur noch keinen Platz im eingeordneten Kulturbetrieb haben, so daß ihr Verständnis einer chaotischen Welt nicht zur Sprache kommen kann. Mehr noch, alle andere Kultur hat die Aufgabe, das Aufsteigen dieser Kultur zu unterdrücken, sie fernzuhalten von den subventionierten öffentlichen Einrichtungen, sie ins Abseits zu drängen, ins Reich des Monströsen, in die Schlammzone des Bewußtseins, in den Mülleimer der Sittenlosigkeit. Und diese unterdrückte Kultur trägt deshalb alle Zeichen der Verstümmelung, des In-den-Schmutz-Getreten-Seins, der Bösartigkeit und der Verachtung. Doch leuchtet sie auch in ihrer unbesiegbaren Kraft, in ihrer Unmoral, in ihrem entdisziplinierenden, befreienden Charakter. Und obwohl es diese Kultur immer gab und sie älter ist als alle ihr folgende Kultur, ist es nicht paradox, von ihr als von einer Gegenkultur zu sprechen, da sie zumeist ihre unzerstörbare Kraft aus der Bejahung der Negation bezieht. Diese Kultur lebt von der Umkehr aller vorhandenen Werte, sie setzt ein Einverständnis mit dem Chaos, mit der Zerstörbarkeit voraus. Eine solche Kultur schafft sich ihre eigene Ästhetik, die nicht nur der bürgerlichen Ästhetik entgegengesetzt ist, sondern diese auch als ein disziplinierendes Machtinstrument entlarvt: dem glatten Weiß wird das schmutzige grelle Gemisch aller Farben entgegengesetzt: der schwarze Held verlacht die Blässe des weißen. Das Abstoßende,

Häßliche, Gewalttätige, Monströse, Ungerechte, Obszöne glänzt in seinen wahrhaftigen Farben. Die Disharmonie wird der Harmonie vorgezogen, Bejahung der Negation wie des Negativen. Der Ekel vor dem Schmutz, die Angst vor dem Tod, die Sorge um die Zukunft, der Schrecken vor dem Bösen, die Hemmung vor dem Verbrechen sind dieser Kultur Krankheiten und keine Tugenden. Was soll Tugend dem, welcher in eine Existenz gedrängt wurde, in der es keine Schuldfähigkeit gibt? Diese Kultur versucht nichts zu retten, sie treibt die Zerstörung voran. Die Frage nach dem Kommenden ist ihr überflüssig, da sie nach dem Seienden auch nic gefragt wurde. Sie ist von unzerstörbarem Fatalismus, sie kämpft mit der Kraft, die sie aus ihrem Fatalismus zieht. Die Hoffnung ist, daß sie zu Wort kommt, daß sie sich wehrt gegen einen immer von neuem die Welt ordnenden Heilsglauben, der doch immer nur von dem Besseren und dem Schlechteren spricht und dabei nichts anderes als Bevorzugte und Benachteiligte meint. Sollte sie ihren Kampf gewinnen, so wird sie aus den Trümmern der untergegangenen Kulturen vielleicht sich das *Woyzeck*-Fragment herausklauben und es nutzen, wie sie es brauchen kann.

Material 4

Büchners *Woyzeck* ist kein trauriges Märchen, er ist nur in die Hände von Märchenerzählern gefallen; der Versuch würde lohnen, ihn aus diesen Händen zu befreien. Dann wird man auch den Sinn des Märchens der Großmutter in *Woyzeck* verstehen, das ein Anti-Märchen ist und keine Moral besitzt und schon gar nichts erklären will; es ist grausam, aber nicht traurig, es spielt mit dem Fatalismus wie mit etwas Vertrautem ohne Erschrecken; es widersetzt sich der Ordnung – ein Endspiel, nicht als Zukunftsvision, sondern als lang andauernder Zustand.

[…]

Wenn aber der *Woyzeck* sich so wertfrei, so ohne Moralität, so einfach nur beschreibend gibt wie behauptet, was also unterscheidet ihn von einer Dokumentation, die auf jede Form von Parteinahme verzichtet? Wo ist er ärgerlich oder kämpferisch? Wodurch unterscheidet sich dieser Fatalismus von einem resignierenden? Wieso die Behauptung, er sei aggressiv und revolutionär in einem zerstörerischen Sinne? Die Antwort liegt in der Form und in der Sprache des Werkes: Erinnert sei an die eingangs beschriebene Gegenkultur und ihre zerstörerische, ja revolutionäre Wirkung, wenn sie in die Lage kommt, sich nach eigenem Selbstverständnis zu äußern. Die unerbittliche Bejahung des Seienden bedient sich einer Ästhetik, die in so schockierender Weise einen Selbstbehauptungsanspruch proklamiert, daß jede herrschende Gesellschaft paralysiert nur das selbstgeschliffene Messer am Halse spürt. Was einem da entgegentritt ist das, was man zwar immer behauptet hat, aber was man nicht glaubte: eine grausame Fratze, die stolz ist, so zu sein, wie sie gesehen wird. Dieses Zerrbild flackert im *Woyzeck* nur auf, doch dieses Aufflackern reicht zum anhaltenden Erschrecken aus. Wenn man Schluß macht mit der Salonfähigkeit der Figuren, sie also dort beläßt, wo sie tatsächlich zu finden sind, verschwinden die guten Menschen, wie sie sich der Hauptmann ängstlich wünscht.

Die Hure Marie und der Lumpenproletarier Woyzeck sind voller Bösheit, die ihre Kraft ist und die sie zu nutzen wissen. Sie drängen sich in ihrem beängstigenden Erscheinungsbild auf die Bühne, und sie verlangen Gehör. Das Monströse, Banale, Obszöne, Zynische, Gewalttätige und alles Verlachende wälzt sich auf die Bühne und beschmutzt hemmungslos die sauberen Prospekte einer ordentlichen Bilderbuchwelt. Büchner sprach im Zusammenhang mit *Woyzeck* und *Leonce und Lena* von seinen Ferkeldramen. Bei *Leonce und Lena* ist das viel-

Material 4

leicht noch kokett zu verstehen, obwohl man sich da sicher irrt, beim *Woyzeck* kann es keine Ausflucht mehr geben. Der Begriff ist sinnlos, wenn etwas anderes als das Vulgäre, Schweinische, Provozierende und Abstoßende gemeint sein sollte. Diesen Weg verfolgte Büchner konsequent. Nicht eine rührselige Episode, sondern Metapher des Stücks ist die Jahrmarktbude. Die Schaustellerbude; das Gegentheater, das seit alters her die sogenannt ›niedrigsten Instinkte‹ anspricht und befriedigt; das Monsterkabinett mit Feuer- und Messerschlucker; die ›Meerschweinchenbühne‹ mit Striptease und Schauvögeln. – Wo die Verzerrung dominiert, der Schrecken und der Betrug die Effekte ausmachen und wo man seit eh und je dem tatsächlichen Leben immer näher kam als im ›echten Theater‹. Auf so einer Schaubude ist zu sehen: ein Affe in Uniform, er ist dressiert, er kann grüßen und den Säbel ziehen und tanzen, und zuschauen tut der Soldat Woyzeck und freut sich; der monströse Spiegel gefällt. Das Pferd, das angeblich die Uhr lesen kann, folgt seiner Natur und pißt, wann es will, ohne um Erlaubnis zu fragen. Ein Vorbild für Woyzeck, er folgt seinem Beispiel. Die Schaustellerbude ist im Stück ein Spiegel im Spiegel. Das Woyzeck-Theater: ein Monsterkabinett, eine Schaustellerbude, ein schweinisches Kneipenkabarett. Der Held artikuliert sich in dem Theater, das ihm gehört, das aus seiner Kultur gewachsen ist.

Eine zweite Metapher, die immer wieder auftaucht und in dieselbe Richtung geht, steckt in dem oft auftauchenden Wort ›grotesk‹. – Woyzeck eine Groteske? Die Groteske arbeitet mit dem Grellen, Schreienden, Überzeichneten, Schonungslosen und Lächerlichen. Die Groteske lebt vom bösen Humor, aber die Groteske hat auch etwas Verharmlosendes. Eine Groteske ist eine Kunstform, sie überzeichnet die Wirklichkeit. Die Bezeichnung Groteske entschärft und verharmlost ein vorgeführtes Geschehen, da sie dieses in eine gestalterische Konfektion einordnet. Das Bedrohliche schwindet, ähnlich wie es der Fall bei einer Obszönität ist, wenn man sie als Witz deklariert. Doch der Begriff ›grotesk‹ taucht im *Woyzeck* nur im Mund derer auf, die über der Welt des Woyzeck stehen. Und wenn das Bühnengeschehen in sich eine Wirklichkeit ist, also eine Person innerhalb einer Wirklichkeit von Groteskem spricht oder etwas als grotesk empfindet, dann bekommt das einen anderen Sinn. Der Gebrauch des Begriffs verweist auf eine Angst, mit der man einer Wirklichkeit ausweichen will, sie verleugnet, sie verunwirklichen will aus Schwäche, da man ihr nicht gewachsen ist und sich vor ihr fürchtet. Wieder ein Spiegel im Spiegel; der Auftritt des Publikums. Vielleicht wenn die zweifach gespiegelten Spiegel gegeneinander gehalten werden, zeigt sich in der unendlichen Brechung ein Selbstbildnis des Georg Büchner. Ein anderes Bild als das feine Gesicht, das uns melancholisch von einem Kupferstich entgegensieht. Vielleicht sehen wir dann ein Gesicht, gezeichnet von Krankheit, unappetitlich schwitzend, spuckend und hustend, hochmütig und bitter, zu keiner Illusion fähig, mißtrauisch und aggressiv, mit Augen voll untilgbarem Haß und einem Mund, aufgesperrt in selbstverspottendem Gelächter. [...]

Marie ist wie Woyzeck im asozialen Milieu geboren. Sie spricht von sich als einer Hure, und das ohne Vorwurf. Dabei sollte man diese Bezeichnung nicht als Berufsprostitution verstehen. In der Tiefe verschwinden die Grenzen. Da der bürgerliche Moralkodex nicht gilt, steht nur die Frage, wie man seine Existenz erhält. Es gibt Berufskriminalität und Berufsprostitution, doch ab und an zu stehlen oder sich zu prostituieren ist für die, die anderen Tätigkeiten nachgehen, eine Selbstverständlichkeit, die keinen Gewissenskonflikt hervorruft. Marie ist Gelegenheitshure. Sie lebt wie Woyzeck in dem, was eine Justiz die Grauzone des

Material 4

Verbrechens nennt. Diese Grauzone birgt in sich einen Raum von Freiheit. Man lebt hart, aber soweit wie möglich seinen Veranlagungen entsprechend, und dieses Recht, frei zu leben, wird allgemein akzeptiert. (Das klingt sehr idealistisch in Beziehung auf das Geschlechterverhältnis. Sicher, es gibt viele Fälle, in denen wechselnde Partnerschaft beim Geschlechtsverkehr, gelegentliche Prostitution, akzeptiert werden, wie es vielleicht bei Woyzeck und Marie der Fall ist. Aber gerade aus diesem Milieu erfährt man am meisten über grausame Mißhandlung von Frauen, die mit einem fremden Mann gingen. Trotzdem halte ich die Behauptung für richtig, sie leugnet ja nicht den Kampf zwischen den Geschlechtern. Dort wird dieser Kampf nur nicht vertuscht, sondern man akzeptiert ihn, die Freiheit des Mannes zur Gewalt ist die andere Seite der Medaille. Der offene Kampf findet ohne moralische Verurteilung statt. Auch gibt es die existenzbedrohenden Repressalien nicht, die zum Gehorsam zwingen, wie Scheidung, Enterbung, Ausstoßung aus der Gesellschaft.) Marie ist von animalischer Sexualität, darin sicher anders als Woyzeck. Doch sich ihr Recht in der Sexualität zu verschaffen, ist für sie in ihrer Bindung zu Woyzeck sicher kein Problem. Für Woyzeck vermutlich auch nur ein geringes. Denn die Bedingungen, unter denen eine Zweisamkeit möglich ist, das gemeinsame Bett, gibt es für sie nicht. Woyzeck schläft bei Andres. Zumindest Karl und das Kind, aber aller Wahrscheinlichkeit nach auch die Großmutter schlafen mit Marie in einer Kammer. Natürlich könnte Woyzeck dort auch schlafen, Prüderie unter diesen Bedingungen wäre lächerlich. Doch instinktiv spüren beide, daß sie keine Bindung schaffen wollen, die ihre Beziehung in höherem Maße unfrei macht. Im Späteren werde ich auf dieses Verhältnis Marie–Woyzeck zurückkommen, bei der Betrachtung, was eigentlich das Motiv des Mordes ist.

Zuvor muß ich aber zum besseren Verständnis von anderen Figuren sprechen, die auch in Beziehung zu Marie stehen, dann läßt sich erklären, daß der Mord keine Eifersuchtstat ist, sondern Woyzeck destruktiv kämpft in einem Kampf, der gegen ihn geführt wird, und selbstzerstörerisch siegt, indem er seinen Gegnern die Beute entzieht.

Andres ist eigentlich der, der dem herkömmlichen Bild eines Woyzeck am meisten entspricht. Seine Freundlichkeit ist Zeichen seiner Schwäche. Er hat fast keine Bedürfnisse mehr, er ist immer besorgt, er erwartet nur Schlechtes und glaubt an keinen Erfolg mehr für sich. Er bewundert Woyzecks Stärke, die unheimlichen Visionen, und er beneidet ihn um sein Verhältnis zu Marie. Aus Neid und auch aus Sorge, denn er spürt die Gefahr in diesem Verhältnis, versucht er, Marie zu denunzieren und verächtlich zu machen.

Der Tambourmajor ist ein Hochgekommener, wobei er nicht als sehr hochgekommen gesehen werden sollte, sein Rang ist immer noch ein schäbiger, er steht auf der untersten Stufe der Bürgerlichkeit, genauso wie sein Freund, der Unteroffizier. Er kommt aus dem Woyzeck-Marie-Milieu, er spricht ihre Sprache. Magisch zieht ihn diese Welt immer wieder an, es ist auch die einzige, in der er Bewunderung und Anerkennung finden kann. Seinen Aufzug verdankt er seiner Körperlichkeit, nach dem Beispiel der langen Kerls suchte der Prinz hünenhafte Erscheinungen für seine Paraden. Der Tambourmajor ist stolz auf seine Männlichkeit, die er verkauft. In dem Zusammenhang ist interessant, welche Rolle der Verkauf des Körpers, die Prostitution, immer wieder spielt und wie die Figuren sich da gleich sind. Nicht nur Marie verkauft ihren Körper, Woyzeck verkauft ihn dem Doktor, der Tambourmajor an den Prinzen, alle drei leben auch von Prosti-

Material 4

tution. Marie ist für den Tambourmajor keine Laune, er ist geradezu besessen von ihr. Die animalische Wesensgleichheit ihrer Sexualität fesselt ihn an sie.

Über den Arzt und den Hauptmann soviel: Sie sind beide eher jung als alt, typische Vertreter des Fortschritts. Der Doktor hat nichts Sadistisches an sich, er ist Forscher, ein Helfer der Menschheit. Er empfindet sich als sozial denkend und großzügig, er geizt nicht mit Zulagen. Der Hauptmann ist alles: Moralist, Sadist, Witzereißer usw. aus Langeweile. Ihn quält die eigene Sexualität, die er am liebsten abtöten möchte, die ihn aber beherrscht. Seine Erziehung läßt ihn seine Perversität verachten, doch die seltsamsten Dinge machen ihm ein steifes Glied, ein Wind, eine Maus, Strümpfe, kurz, er hat das Wesen eines Fetischisten. Typisch für seine Selbstverachtung ist, daß er bösartig reagiert, wenn ihm seine Freuden entzogen werden.

Jetzt sind wir soweit, auf die Anfangsfrage nach der Art des Verhältnisses Woyzeck–Marie und dem Verhältnis von Marie zu den anderen Figuren zurückzukommen.

Das Folgende ist eine kaum zu beweisende Spekulation, aber welche Interpretation eines so spröden Materials wie des *Woyzeck* ist das nicht? Also: Marie ist der Dreh- und Angelpunkt der Geschichte. Alle Hauptakteure sind auf sie fixiert und wollen sie für sich nutzen. Wenn die Sexualität nicht das Dominierende im Verhältnis Woyzeck–Marie ist, dann liegt die Annahme nah, daß die Bindung viel damit zu tun hat, daß das Zusammengehen Erleichterung im materiellen Leben schafft. Sie sorgen gegenseitig füreinander. Ihr Verhältnis ist ihre Existenzgrundlage. Jeder prostituiert sich für den anderen und ist des anderen Zuhälter. (Diese beiden Begriffe sind ohne moralische Bewertung ausschließlich als Verhaltensmöglichkeit im Existenzkampf gemeint.) Unter diesen Bedingungen gilt die übliche Rollenverteilung zwischen Mann und Frau als normative Voraussetzung nicht. Ein Führungsanspruch wird zumeist nicht durch die höhere Intelligenz bestimmt, sondern durch die stärkere Sexualität, die einen kreatürlichen Führungsanspruch für sich beansprucht. So ist Marie die Herrschende in diesem Verhältnis. Sie sieht sich nach Verdienstmöglichkeiten um und sorgt dafür, daß Woyzeck welche findet. Marie ist mit Sicherheit keine Hausfrau, auch sie geht Tätigkeiten nach, wie übrigens auch die Geliebte des historischen Woyzeck, die eine Herrschaft hatte. Da Woyzeck seine Existenz hauptsächlich dem Verhältnis zum Hauptmann verdankt, sowohl im Dienst wie in seinen Nebenverdiensten, ist auch anzunehmen, daß er vom Hauptmann an den Doktor empfohlen wurde. Was liegt dann näher, als anzunehmen, daß sich diese Quelle ihm über Marie erschlossen hat, daß Marie also zeitweilig dem Hauptmann den Haushalt führte und natürlich bei der Veranlagung des Hauptmanns mit diesem auch sexuellen Verkehr hat, den sie ausnützt, um ihrem Mann Verdienstmöglichkeiten zuzuschanzen. Woyzeck wäre dieser Weg sicher bekannt, doch würde er ihn nicht stören, da er seinen Vorteil davon hat. Hinweis für solch eine Möglichkeit ist der Satz des Hauptmanns zu Woyzeck, wenn er ihn reizen will: ›[...] auf paar Lippen eins finden, ein paar Lippen, Woyzeck, ich habe auch die Liebe gefühlt, Woyzeck.‹ Wenn sich das ›Ich habe auch die Liebe gefühlt, Woyzeck‹ nicht sehr konkret auf Marie bezöge und nicht genauer ausgeführt werden muß, da Woyzeck weiß, was gemeint ist, hätte es in dieser Situation wenig Sinn. Das eigentliche Problem setzt mit der Liebe des Tambourmajors ein. Die Bedrohung ist nicht die Kraft und Sexualität, der Woyzeck nichts entgegenzusetzen hat, sondern die Absicht des Tambourmajors, um die Woyzeck weiß. Der Tambourmajor ist ein Aufsteiger, er ist nur noch bedingt in der Tiefe. Seine Sehnsucht geht auf eine bürgerliche Existenz. Er will eine Frau besitzen, und er will Familie. Er macht in seiner Sprache ein Heiratsangebot: ›Wir wollen eine Zucht von Tambourmajors anlegen.‹ Und Marie, sicher unter dem Eindruck totaler sexueller Befriedigung, zeigt sich anfällig. Sie, der man aus den gleichen Gründen hörig war, beginnt hörig zu werden. Woyzeck bekommt das zu spüren. Marie überschreitet die Grenzen ihres Verhältnisses, sie fängt an, ihn zu verachten und sich über ihn lustig zu machen. Der Hauptmann fürchtet, eine aufgestiegene Marie gleichfalls zu verlieren, reagiert verletzt und rächt sich an Woyzeck, er wird drohend und deutet an, daß er seine Hände von Woyzeck zurückziehen wird. Der Tambourmajor prügelt Woyzeck schließlich weg, auf den ihm angestammten Platz. Ohne Marie ist Woyzeck aber seiner Existenzgrundlage beraubt. Er spürt, daß ein Kampf gegen sein Leben geführt wird; da ihm keine Aussicht auf Sieg bleibt, kämpft er mit den letzten Mitteln: Er tötet Marie, so daß auch seine Gegner ihren Sieg nicht genießen können. Er kennt keine Kapitulation. Wenn es aus ist, wird er gefährlich.

Das ist eine mögliche Seite des Mordmotives. Sie sollte nicht getrennt von der irrationalen gesehen werden, nämlich Woyzeck handelt unmotiviert plötzlich, er ist unmotiviert eifersüchtig. Verwiesen sei nochmals auf den Fall Schmolling, der in seiner Veröffentlichung am meisten als Vorbild für den Eifersuchtstäter Woyzeck in Frage kommt. Eifersucht und Betrug der Geliebten wurden vom Gericht in Rechnung gezogen und bestimmten das Urteil. Schmolling wurde nur zu Zuchthaus, also Gewahrsam verurteilt, dort mordete er einen Mitgefangenen. Der Mordkomplex in Büchners *Woyzeck,* also die Gründe, die zum Mord führen, sind als Vermischtes zu sehen. […]

> (aus: Matthias Langhoff: Die Sehnsucht nach einem Theater des Asozialen, in:
> Theater heute 22 (1981) H. 1, S. 24, 28, 30 f., 34–37)

Material 4

BENJAMIN HENRICHS: Der zerbrochene Gott.
Achim Freyer inszeniert am Burgtheater Georg Büchners »Woyzeck«

Material 5

Die Welt ist schief und leer: die Bühne ein steiles, schräges Brettergeviert, darüber der leere Raum, die schwarze Nacht des riesigen Theaterhauses. Eine Bühne zum Stolpern und Schwindligwerden – einmal fängt sie sogar zu zittern und schwanken an, kippt plötzlich zur Seite, aus einer Schräglage in die andere.

Wie ein winziger Stern im gewaltigen Weltall sieht die schiefe Bretterbühne aus. Oder wie das Deck eines Schiffes vor dem Kentern und Untergang. Wie ein Totenfloß. Wie eine Arche, auf der sich die letzten Exemplare der seltsamen Spezies Mensch versammelt haben – nebst einigen Tieren, Fabelwesen, Ungeheuern. Gott ist nicht tot, aber ziemlich demoliert. Er liegt, zum Torso zerstückelt, rechts vorn an der Rampe. Der zerbrochene Gott, eine Plastik von Achim Freyer: ein langer weißer Arm mit einer Hand, in der ein riesiges Auge liegt; ein Rumpf, in dessen Innerem man die Eisenräder eines Uhrwerks sieht; auf dem Boden ein zweites Riesenauge. Dieser Gott hat nichts mehr zu sagen, aber manchmal gibt er noch leise Klänge von sich, wie ein verstimmtes, heiseres Saiteninstrument.

Die Augen Gottes sind blau. Der Tod ist rot. Auf der anderen Seite der Bühne steht, auf einer Trommel, ein Geigenspieler im schwarzen Zaubermantel. Hinter ihm eine Sense, blutrot bemalt. Blutrot ist der Schädel des fürchterlichen, furcht-

Material 5 samen Hauptmanns. Blutrot ist Woyzecks rechte Hand nach dem Mord, schneeweiß seine linke. Einmal schweben weiße Vögel in den Himmel. Am Ende liegen sie rabenschwarz auf der Erde, jedes Tier hat einen blutroten Fleck auf dem Leib. Georg Büchners zerbrechliches Woyzeck-Fragment haben wir schon oft auf dem Theater gesehen: als expressionistische Ballade (nach der Melodie »Der Mond ist wie ein blutig Eisen«), als soziales Lehr- und Rührstück von den ›kleinen Leuten‹, als graues Märchen aus der Eis- und Endzeit unserer Welt. So wie bei Achim Freyer im Wiener Burgtheater haben wir das Schauspiel noch nie gesehen, werden wir es nimmermehr sehen. Ein Stück vom Tod, doch regenbogenbunt und voller Lieder, Klänge, Rätsel. Als sei das Theater, das kahle, windschiefe Brett, das man Bühne nennt, der letzte Licht- und Farbfleck, das letzte Stück Leben in einer ringsum erstorbenen Welt.

Das klingt nun reichlich laut und pathetisch. Und wäre es auch, würde es in Achim Freyers Theater nicht so ausgesucht still zugehen: Der zerbrochene Gott wispert, die Geige flüstert, die Schauspieler sprechen ihren Text in einem leisen, melancholischen Singsang – so vorsichtig, als könnten sie ihn mit jedem falschen, groben Ton beschädigen. Georg Büchner, sagt man, war Atheist. Gott auf Achim Freyers Bühne ist ein Trümmerhaufen, ein Bruch-Stück wie das ganze Drama. Die Haltung der Aufführung (und ihre Melodie) ist das ungläubige Staunen. *WOYZECK*: Bildermärchen, Friedensfest, Totenfeier. Am Ende stehen die Docteurs um Maries Leichnam herum und singen noch einmal, was die ganze Aufführung wie ein Kehrreim begleitet hat: »Auf der Welt ist kein Bestand / wir müssen alle sterben / Das ist uns wohlbekannt.« Aber sie singen das Lied nicht bis ans bittere Ende – eine Silbe vorher hört es plötzlich auf.

Aus der Versenkung fährt ein winziges, hutzeliges Männlein empor: Es ist der aus Elfriede Jelineks Farce *BURGTHEATER* bekannte, gleichwohl auch real existierende Burgtheaterzwerg Fritz Hakl. Er hat einen Holzstab in der einen Hand, ein silbernes Sprachrohr in der anderen und spielt nun, mit einem krähenden, uralten Stimmchen, den Ansager, mit dem das Drama beginnt.

Durch den transparenten Theatervorhang sieht man jetzt auf das erste Tableau, die ersten Figuren des Schauspiels: Woyzeck (Martin Schwab) ist da, mit einem Holzstecken, an dessen Ende ein Herz aus Papier, später ein Pferdekopf aus Pappe angebracht ist. Marie (Cornelia Kempers), mit den pechschwarzen Locken, den schwarzroten Lippen, der kalkweißen Haut. Aber auch Rätselwesen und Freaks wie jener Großkopfige, der in der einen Hand den Globus, in der anderen den Totenschädel trägt. Nach einer Weile fangen die Figuren auf der Bühne ganz leise zu singen an, es ist das erste Lied des Abends und wird das letzte sein: »Wir müssen alle sterben.«

Dann sind Woyzeck und Freund Andres (Bert Oberdorfer) auf der schiefen Bühne allein. Lange stehen sie da und schweigen. Langsam beginnen ihre Gestalten wie im Winde zu schwanken. Behutsam, in einer synchronen Bewegung, heben sie Holzstecken vom Boden auf, schwingen sie durch die Luft, schlagen sie auf die hohle Erde, schleudern sie über die Schulter von sich weg.

Noch bevor er uns einen Text vorführt, oder Bilder, oder gar Schauspielerei, inszeniert Achim Freyer die heimliche Hauptfigur des Dramas: die Stille. Woyzeck und Andres hören ihr zu (daß man es sehen kann), sie lauschen wie in den leeren Weltraum hinein. Erst später sagt dann Woyzeck: ›'s ist so kurios still. Man möcht den Atem halten. Still. Alles still, als wär die Welt tot.‹

Material 5

Alle schlechten WOYZECK-Regisseure machen den vergeblichen Versuch, das löchrige Gebilde des Dramas zu vervollständigen, die Leerstellen auszufüllen – mit dem Kalk der Interpretation oder dem Zement der tieferen Bedeutung. In Achim Freyers WOYZECK spielen die Löcher und Zwischenräume immer mit – das Licht, die Luft, der Atem. Niemals werden die Elemente des Dramas miteinander handgemein: Die Schauspieler verbrüdern sich nicht mit ihren Figuren, die Worte nicht mit den Bildern. Alles kreist umeinander, nähert sich, driftet wieder voneinander weg.

Es gibt im ganzen Schauspiel eine einzige Berührung, Umarmung – wenn der arme Mann Woyzeck das arme Weib Marie mit dem Messer absticht. Woraus aber auch kein hochdramatisches Gemetzel wird, sondern eine vorsichtige Liebes- und Mordpantomime – als würde das Messer aus Woyzecks Leib herauswachsen, widerstandslos in Maries Körper eindringen. Ein für Freyers Theater geradezu lärmend bedeutungsschwerer Moment.

Die Figuren bewegen sich umeinander wie Gestirne, sonderbar schwerelos. Der fette Hauptmann (Heinz Schubert) dreht sich in der Bühnenmitte langsam um die eigene Achse (wahrscheinlich ist ihm wieder einmal ›schwindlich‹ von der rasenden Bewegung der Erde), Woyzeck umkreist seinen Gönner und Peiniger, in Woyzecks Hand dreht sich dabei silbrig glänzend das große Rasiermesser.

Auch der Doktor (Elisabeth Orth, im schilfgrünen Seidenmantel, den Kopf zur Hälfte grün bemalt) umkreist, umtrippelt den mächtigen Hauptmann, den Kerl mit den wulstigen Schenkeln, der ausgestopften Brust. Die fremden Körper sind nicht erreichbar –, also berühren die Geschöpfe des Achim Freyer immer wieder den eigenen Leib, mit sachten, wie schlaftrunkenen Gebärden.

Auch Text und Bild sollen sich zueinander verhalten wie autonome Gestirne: Die Wörter sollen nicht die Bilder erklären, die Bilder nicht die Wörter schmücken. Das ist eine tollkühne Utopie, gegen die sich das Theater mit seiner unausrottbaren Neigung zu Geschichten, Schicksalen, Handgreiflichkeiten immer wieder störrisch wehrt. Auch der Wiener WOYZECK kann sich der trivialen Schwerkraft des Genres nicht immer entziehen – stürzt dann aus dem Weltall der Bilder hinab aufs harte Theaterholz.

Manchmal verlieren die Szenen ihr empfindliches, schwebendes Gleichgewicht. Manchmal schieben sich die Bilder aufdringlich vor die Texte, kommt es zu einer Art Wortfinsternis. Dann ist Freyers WOYZECK nur ein sehr aparter Büchner-Bilderbogen, eine (allerdings menschenfreundliche) Monstrositätenschau. Manchmal auch wird der Text nicht mit angehaltenem Atem, sondern im monotonen Märchenton vorgetragen, eine gewisse Betulichkeit kommt auf – und sofort ist der prekäre Zauber der Aufführung dahin; verschwunden der hohle Boden unter den Wörtern, der leere Raum über ihnen.

Jedes profanere Theaterspiel ist in Freyers heiklen Szenengebilden unweigerlich am falschen Ort. Wenn der Hauptmann doch einmal theaterhaft losdröhnt, wenn Woyzeck doch einmal die bekannte Woyzeck-Leidensmiene aufsetzt, werden Freyers schiefe Bilder sogleich auf konventionelle Weise geradegerückt – durch Schauspielerei.

Martin Schwab allerdings ist ein wunderbarer Hauptdarsteller, eine große ›Figur‹ dann doch. Er hat das Elend des Menschen Woyzeck und seine Stärke; er leidet am unheilbaren Gram und hat doch das graue Leuchten, das unaufhörliche Staunen über den kuriosen Lauf der Welt.

[…]

Material 5

An Schönheit fehlt es der Aufführung nie, wohl aber manchmal am Schrecken. An jenem Büchner-Schrecken, den kürzlich Christof Nel in seiner Berliner LEONCE UND LENA-Inszenierung mit geradezu martialischem Ingrimm beschwor – und dabei das luftige Gebilde der Komödie unter gutem deutschen Blei begrub.

Freyers Theater vertreibt den Schrecken auf ganz andere, zierlichere Art. Mit bunter Trauer, schwermütiger Beschaulichkeit. ›Wie ein offenes Messer‹ sind Freyers Szenen und Bilder kaum. Die Figuren haben auch etwas hübsch Mechanisches, als kämen sie aus Spieluhr oder Zauberkasten und würden nur durch die Wörter wiederbelebt. Jeder Zauber ist ein Trost – auch wenn er tödlich endet. Marie und Woyzeck haben ein Kind. Es hat einen riesigen, gedunsenen Schädel (halb Wasserkopf, halb Außerirdischer), darin winzige Augen, ein winziger Mund. Fast ganz am Ende des Dramas reitet das Monsterkind auf seinem Steckenpferd mit dem Kopf aus Pappe – und bringt jetzt die ersten Laute und Wörter hervor. Die Bühne ist leer, das Kind ist allein auf der Welt – so verlassen und so glücklich wie niemals zuvor. Der Vater ist verschwunden, die Mutter ist tot. Auf Maries Schulter hatte lange ein weißer Vogel gesessen, später ein schwarzer.

(aus: DIE ZEIT – Nr. 18 – 28. April 1989, S. 5)

Anhang

Anmerkungen

[1] Clarus fragt sich natürlich nicht, ob es nicht Gründe außer der Arbeitsscheu gab, die Woyzeck daran hinderten, einer geregelten Arbeit nachzugehen.

[2] Siehe auch die Schwierigkeiten einen Schluss für den WOYZECK zu finden.

[3] In einer der Vorfassungen hieß es: Franz: Jeder Mensch ist ein Abgrund, es schwindelt einem, wenn man hinabsieht. (217)

[4] In einer früheren Fassung sagte Andres: Die hat Schenkel und Alles so fest! (201)

Literaturverzeichnis

Ausgaben

Büchner, Georg: Sämtliche Werke und handschriftlicher Nachlaß. Erste kritische Gesamtausgabe. Eingel. und hrsg. von Karl Emil Franzos. Frankfurt 1879

–: Gesammelte Schriften. Hrsg. von Paul Landau. 2 Bde. Berlin 1909

–: Sämtliche Werke und Briefe. Auf Grund des handschriftlichen Nachlasses Georg Büchners hrsg. von Fritz Bergemann. Leipzig 1922

–: Sämtliche Werke und Briefe. Hist.-krit. Ausg. mit Kommentar. Hrsg. von Werner R. Lehmann. Bd. 1: Dichtungen und Übersetzungen mit Dokumentationen zur Stoffgeschichte. Hamburg 1967. Bd. 2: Vermischte Schriften und Briefe. Hamburg 1971 (Dazu: Lehmann, Werner R.: Textkritische Noten, Prolegomena zur Hamburger Büchner-Ausgabe. Hamburg 1967)

–: Werke und Briefe. Nach der hist.-krit. Ausgabe von Werner R. Lehmann. Kommentiert von Karl Pörnbacher u. a. München, Wien 1980

–: Werke und Briefe, Münchner Ausgabe, München 1992

–: WOYZECK. Studienausgabe nach der Edition von Thomas Michael Mayer, hrsg. von Burghard Dedner, Stuttgart 1999

–: WOYZECK. Erläuterungen und Dokumente, hrsg. v. Burghard Dedner unter Mitarbeit von Gerald Funk und Christian Schmidt, Stuttgart 2000

Forschungsberichte

Knapp, Gerhard P.: Georg Büchner. Eine kritische Einführung in die Forschung. Frankfurt 1975

Gesamtdarstellungen

Baumann, Gerhart: Georg Büchner. Die dramatische Ausdruckswelt. Göttingen 1961

Fischer, Heinz: Georg Büchner. Untersuchungen und Marginalien. Bonn 1972

Hauschild, Jan-Christoph: Georg Büchner. Studien und neue Quellen zu Leben, Werk und Wirkung. Königstein 1985

–: Georg Büchner. Biographie. Stuttgart/Weimar 1993

–: Georg Büchner. Mit Selbstzeugnissen und Bilddokumenten. Reinbek 1992

Hinderer, Walter: Büchner-Kommentar zum dichterischen Werk. München 1977

Jancke, Gerhard: Georg Büchner. Genese und Aktualität seines Werkes. Einführung in das Gesamtwerk. Kronberg 1975

Johann, Ernst: Georg Büchner in Selbstzeugnissen und Bilddokumenten. Hamburg 1958

Klotz, Volker: Geschlossene und offene Form im Drama. München 1972, 6. Aufl.

Knapp, Gerhard P.: Georg Büchner. Stuttgart 1984, 2. neubearb. Aufl.

Kobel, Erwin: Georg Büchner. Das dichterische Werk. Berlin, New York 1974

Krapp, Helmut: Der Dialog bei Georg Büchner. Darmstadt 1958

Martens, Wolfgang (Hrsg.): Georg Büchner. Darmstadt 1965

Mayer, Hans: Georg Büchner und seine Zeit. Frankfurt 1972

Meier, Albert: Georg Büchners Ästhetik. München 1983

Viëtor, Karl: Georg Büchner. Politik. Dichtung. Wissenschaft. Bern 1949

Vogt, Anton: Aus meinem Leben. Stuttgart 1896

Wittkowski, Wolfgang: Georg Büchner. Persönlichkeit. Weltbild. Werk. Heidelberg 1978

Zons, Raimar St.: Georg Büchner. Dialektik der Grenze. Bonn 1976

Zum »Hessischen Landboten«

Enzensberger, Hans Magnus: Georg Büchner/Ludwig Weidig, DER HESSISCHE LANDBOTE. Texte, Briefe, Prozeßakten. Kommentiert von H. M. Enzensberger. Frankfurt 1974

Klotz, Volker: Agitationsvorgang und Wirkprozedur in Büchners HESSISCHEM LANDBOTEN. In: Arntzen, H. (Hrsg.): Literaturwissenschaft und Geschichtsphilosophie. Festschrift für Wilhelm Emrich. Berlin, New York 1975, 388–405

Mayer, Thomas Michael: Büchner und Weidig – Frühkommunismus und revolutionäre Demokratie. Zur Textverteilung des HESSISCHEN LANDBOTEN. In: Arnold, H. L. (Hrsg.): Georg Büchner I/II. Sonderband Text + Kritik. München 1979, 16–298

Schaub, Gerhard: Georg Büchner, Friedrich Ludwig Weidig: DER HESSISCHE LANDBOTE. Texte, Materialien, Kommentar. München 1976

Zum »Woyzeck«

Bornscheuer, Lothar (Hrsg.): Georg Büchner, WOYZECK. Erläuterungen und Dokumente. Stuttgart 1977

Georg Büchner: WOYZECK. Nach den Handschriften neu hergestellt und kommentiert von Henri Poschmann. Leipzig 1984 (Insel-Bücherei 1056, Frankfurt 1985)

van Dam, Hermann: Zu Georg Büchners WOYZECK. In: Akzente 1 (1954), 82–99 (auch in: Martens, Wolfgang [Hrsg.]: Georg Büchner. Darmstadt 1965, 305–322)

Diersen, Inge: WOYZECK und kein Ende. Aus Anlaß des Erscheinens von Büchners WOYZECK im Insel-Verlag. In: Zeitschrift für Germanistik 7 (1986), H. 1, S. 71–76

Eibl, Karl: Ergo totgeschlagen. Erkenntnisgrenzen und Gewalt in Büchners DANTONS TOD und WOYZECK. In: Euphorion 75 (1981), 411–429

Fink, Gonthier-Louis: Volkslied und Verseinlage in den Dramen Büchners. In: DVjs 35 (1961), 558–593 (auch in: Martens 1965, a.a.O., 443–487)

Glück, Alfons: Der ›ökonomische Tod‹: Armut und Arbeit in Georg Büchners WOYZECK. In: Georg Büchner Jahrbuch 4 (1984), 167–226

–: Militär und Justiz in Georg Büchners WOYZECK. In: Georg Büchner Jahrbuch 4 (1984), 227–247

–: ›Herrschende Ideen‹: Die Rolle der Ideologie, Indoktrination und Desorientierung in Georg Büchners WOYZECK. In: Georg Büchner Jahrbuch 5 (1985), 52–138

–: Der Menschenversuch: Die Rolle der Wissenschaft in Georg Büchners WOYZECK. In: Georg Büchner Jahrbuch 5 (1985), 139–182

–: Der WOYZECK. Tragödie eines Paupers. In: Georg Büchner. Revolutionär, Dichter, Wissenschaftler. Katalog der Ausstellung Mathildenhöhe. Frankfurt 1987, 325–332

–: Der historische Woyzeck. In: ebd., 314–324

Kanzog, Klaus: Wozzek, Woyzeck und kein Ende. Zur Standortbestimmung der Editionsphilologie. In: DVjs 47 (1973), 420–442

Kittsteiner, Heinz-Dieter/Lethen, Helmut: Ich-Losigkeit, Entbürgerlichung und Zeiterfahrung. Über die Gleichgültigkeit zur ›Geschichte‹ in Büchners WOYZECK. In: Georg Büchner Jahrbuch 3 (1983), 240–269

Lehmann, Werner R.: Woyzeck. In: Kindlers Literatur Lexikon. Bd. 23. München 1974, 10269–10272

Martens, Wolfgang: Zum Menschenbild Georg Büchners. WOYZECK und die Marionszene in DANTONS TOD. In: Wirkendes Wort 8 (1957/58), 13–20 (auch in: Martens 1965, a.a.O., 373–385)

–: Zur Karikatur in der Dichtung Büchners. In: Germanisch-Romanische Monatsschrift 39 (1958), 64–71

–: Der Barbier in Büchners WOYZECK. Zugleich ein Beitrag zur Geschichte der Barbierfigur. In: Zeitschrift für deutsche Philologie 79 (1960), 361–383

–: Über Georg Büchners WOYZECK. In: Jahrbuch des Wiener Goethe-Vereins (1984/85), 145–156

Mautner, Franz H.: Wortgewebe, Sinngefüge und »Idee« in Büchners WOYZECK. In: DVjs 35 (1961), 521–557 (auch in: Martens 1965, a.a.O., 507–554)

May, Kurt: *Woyzeck*. In: Die Sammlung 5 (1950), 19–26

Mayer, Hans: Georg Büchners *Woyzeck*. Vollständiger Text und Paralipomena. Frankfurt 1962

Meier, Albert: Georg Büchners *Woyzeck*. München 1980

Oesterle, Günter: Das Komischwerden der Philosophie in der Poesie. Literaturphilosophie und gesellschaftsgeschichtliche Konsequenzen der »voie physiologique« in Georg Büchners *Woyzeck*. In: Georg Büchner Jahrbuch 3 (1983), 200–239

Oesterle, Ingrid: Verbale Präsenz und poetische Rücknahme des literarischen Schauers. Nachweise zur ästhetischen Vermitteltheit des Fatalismusproblems in Georg Büchners *Woyzeck*. In: Georg Büchner Jahrbuch 3 (1983), 168–199

Reuchlein, Georg: Das Problem der Zurechnungsfähigkeit bei E. T. A. Hoffmann und Georg Büchner. Zum Verhältnis von Literatur, Psychiatrie und Justiz im frühen 19. Jahrhundert. Frankfurt/Bern/New York 1985

Richards, David G.: Georg Büchners *Woyzeck*. Interpretation und Textgestaltung. Bonn 1976

Ritscher, Hans: Georg Büchner, *Woyzeck*. Frankfurt 1986, 9. Aufl.

Ullmann, Bo: Die sozialkritische Thematik im Werk Georg Büchners und ihre Entfaltung im *Woyzeck*. Stockholm 1970

Viëtor, Karl: *Woyzeck*. In: Das innere Reich 3 (1936/37), 182–205 (auch in: Martens 1965, a.a.O., 151–177)

Werner, Hans Georg: Büchners *Woyzeck*. Dichtungssprache als Analyseobjekt. In: Weimarer Beiträge 27 (1980), 72–99

Wetzel, Heinz: Die Entwicklung Woyzecks in Büchners Entwürfen. In: Euphorion 74 (1980), 375–396

Wiese, Benno von: Der ›arme‹ Woyzeck. Ein Beitrag zur Umwertung des Heldenideals im 19. Jahrhundert. In: Durzak, M. (Hrsg.): Texte und Kontexte. Studien zur deutschen und vergleichenden Literaturwissenschaft. Festschrift für Norbert Fuerst. Bern, München 1973, 309–326

Wittkowski, Wolfgang: Stufenstruktur und Transzendenz in Büchners *Woyzeck* und Grillparzers Novelle *Der arme Spielmann*. In: Georg Büchner Jahrbuch 3 (1983), 147–165

Didaktisch aufbereitete Literatur zum »Woyzeck«

Abels, N.: Die Ästhetik des Pathologischen. Zu Georg Büchners Woyzeck, in: Diskussion Deutsch 92 (1986), 614–640

Gerdes, Meinhard: Georg Büchners Woyzeck. Lehrerheft. Frankfurt 1981

Kammler, Clemens: Literaturunterricht als Arbeit am Fragment. Ein Reihenkonzept zu Georg Büchners Woyzeck, in: Jahrbuch der Deutschdidaktik 1985, 76–91

Kinne, Norbert: Lektürehilfen zu Georg Büchners Woyzeck. Stuttgart 1988

Liebenstein-Kurtz, Ruth von: Stundenblätter Woyzeck. Stuttgart 1993

Lindenhahn, R.: Der Fall Woyzeck. Eine Gerichtsverhandlung als inszenierter Leseprozeß in Klasse 11, in: Der Deutschunterricht 33 (1981) H. 2, 81–90

Salzmann, Walter: Stundenblätter Woyzeck. Eine literatur-soziologische Analyse. Stuttgart 1978

Scheller, Ingo: Szenische Interpretation: Georg Büchners Woyzeck. Vorschläge, Materialien und Dokumente zum erfahrungsbezogenen Umgang mit Literatur und Alltagsgeschichte(n). Universität Oldenburg. Zentrum für pädagogische Berufspraxis 1987

–: Szenische Interpretation erläutert an einer Szene aus Büchners Woyzeck in: Ossner, I./Fingerhut, K. (Hrsg.): Methoden der Literaturdidaktik. Methoden im Literaturunterricht, Ludwigsburg 1984, 178–187

Schlutz, E.: Büchners Woyzeck als Drama der offenen Form. Zur Adäquanz von Lernziel und Unterrichtsform. Selbsttätigkeit der Schüler in Blockstunden, in: Der Deutschunterricht 23 (1971) H. 4, 121–133

Zeittafel zu Leben und Werk

1813 17. Oktober: Georg Büchner in Goddelau bei Darmstadt geboren, im gleichen Jahr wie Hebbel und Richard Wagner
1816 Versetzung des Vaters als Medizinalrat nach Darmstadt und Übersiedlung der Familie dorthin
1821 Elementarunterricht bei der Mutter
1822 Privatschulunterricht
1825–1831 Besuch des Darmstädter Gymnasiums, in dessen 2. Klasse er aufgenommen wird
1830 Juli-Revolution in Paris
1831 30. März: Büchners Rede zur Schlussfeier des Gymnasiums
9. November: Beginn des Medizinstudiums an der Universität Straßburg
1832 Mai: Vortrag über deutsche politische Zustände und die Roheit deutscher Studenten vor Mitgliedern der Studentenverbindung »Eugenia«
27. Mai: Hambacher Fest
1833 Juli: Vogesenwanderung mit seinen Freunden, den Brüdern Stöber. Verlobung mit Minna Jaegle, Tochter eines Pfarrers, in dessen Haus Büchner als Pensionär ist
31. Oktober: Büchner schreibt sich an der Hessischen Landesuniversität Gießen als Student der Medizin ein. November: depressive Erkrankung. Rückkehr nach Darmstadt
1834 Januar: Büchner nimmt in Gießen Verbindung mit Rektor Weidig auf, dem Mitverfasser des *Hessischen Landboten*
März: Gründung der »Gesellschaft der Menschenrechte«
April: Gründung der Darmstädter Sektion der »Gesellschaft der Menschenrechte« – Reise zur Braut nach Straßburg
August: Verhaftung des Mitarbeiters Karl von Minnigerode, Beschlagnahme des *Landboten*. Büchner verlässt Gießen und begibt sich über Offenbach nach Darmstadt ins Elternhaus
1835 Januar: Verhöre in Offenbach und Friedberg
9. März: Flucht nach Straßburg. Studium der vergleichenden Anatomie und der Philosophie
13. Juni: Steckbrief gegen Büchner
1836 April und Mai: Vortrag seiner Abhandlung über das Nervensystem der Fische (Barben) vor der »Société d'Histoire Naturelle« in Straßburg
Sommer: Besuch von der Mutter und Schwester Mathilde in Straßburg
September: Promotion zum Dr. phil. durch die Philosophische Fakultät der Universität Zürich
18. Oktober: Umzug nach Zürich. November: Probevorlesung »Über Schädelnerven«
1837 2. Februar: Typhöse Erkrankung
19. Februar: Tod Büchners
21. Februar: Beerdigung auf dem Friedhof »Zum Krautgarten« in Zürich

Werke

- 1834 DER HESSISCHE LANDBOTE. Revolutionäre Flugschrift
- 1834 Naturwissenschaftliche und philosophische Schriften
- 1835 DANTONS TOD. Drama
- 1835 LENZ. Novellenfragment
- 1836 LEONCE UND LENA. Zeitsatirisches Lustspiel
- 1836 WOYZECK. Drama (gedruckt 1875)

Erstaufführungen

- 1895 LEONCE UND LENA (Theaterverein, Intimes Theater, München)
- 1902 DANTONS TOD (Freie Volksbühne, Berlin)
- 1913 WOYZECK (Residenztheater, München)

Veröffentlichungen nach seinem Tod

- 1838 LEONCE UND LENA in Gutzkows *Telegraph für Deutschland*
- 1839 LENZ in Gutzkows *Telegraph für Deutschland*
- 1850 Erstausgabe der NACHGELASSENEN SCHRIFTEN (ohne WOYZECK), hrsg. v. Ludwig Büchner
- 1879 Erste kritische Gesamtausgabe, hrsg. v. Karl Franzos

Raum für Notizen

Raum für Notizen

Raum für Notizen